| 最新版 | **スリランカへ**
―― 五感でたのしむ輝きの島

Ishino Akiko 石野明子

はじめに

　世界で一番読まれているガイドブックで、2019年に「行くべき国第1位」に輝いたスリランカ。ですがそのすぐ後、テロ、コロナ禍そして経済危機と本当にたくさんの困難に見舞われました。経済危機ではガソリンがなくなり、大規模な停電が頻繁にありました。でもそんな時スリランカの人々は、長蛇のガソリン待ちの列で、その場で会ったもの同士が順番に車を見張って休憩に行ったり、飲みものをシェアしたり。停電の夜はろうそくを灯して薪で料理したり。もちろんみんなストレスはあったでしょうが、文明に慣れきって混乱していた私に比べて、たくましく乗り切っていたように思います。

　そんな強くやさしい人たちが暮らすスリランカは、たくさんの魅力にあふれています。豊かな自然、暮らしに浸透している伝統医療のアーユルヴェーダ、朝露を受けて光を反射する茶畑、植民地時代の趣を残す街並み、そして目が合えば微笑む人々。スリランカの言葉シンハラ語で、「スリ」は輝く、「ランカ」は島を意味し、その名の通り輝く魅力がたくさん詰まった宝箱のような島なのです。

　スリランカに移住して8年が過ぎ、その間に私が見つけた宝物を、この本に詰め込みました。私から見えたスリランカの輝きが少しでもみなさんに届くことを祈って。

002	はじめに			
006	スリランカの一年			
008	スリランカ基本情報＆スリランカMAP			

009 アドベンチャー in スリランカ
Adventure in Sri Lanka

- 012　シギリヤ・ロックとその周辺
- 024　キャンディ
- 032　エッラ
- 040　ジャフナ

045 スリランカのカルチャー
Sri Lankan Culture

- 048　ジェフリー・バワとその作品
- 056　セイロンティーの魅力
- 068　ゴールの街

077 アーユルヴェーダ in スリランカ
Ayurveda in Sri Lanka

- 080　アーユルヴェーダの基礎知識
- 082　おすすめアーユルヴェーダスポット

093 ビーチ in スリランカ
Beach in Sri Lanka

- 096　西海岸
- 100　南海岸
- 112　東海岸

117 コロンボの街
Colombo City

147 スリランカごはん

- 148　スリランカ・カレーの世界
- 150　魅惑の粉モノ
- 154　スリランカのお弁当
　　　　〜ランチ・パケット＆ランプライス
- 156　スリランカのスイーツ
- 158　スリランカのフルーツ＆お酒

Contents

- 160　コロンボMAP
- 162　コロンボ中心部MAP
- 164　シギリヤ／キャンディMAP
- 165　キャンディ＆ヌワラ・エリヤ広域MAP
- 166　西海岸・南海岸MAP
- 167　ゴール／ジャフナ／トリンコマリーMAP

- 036　列車の窓から知るスリランカ
- 076　受け継がれるスリランカの手仕事
- 090　スリランカの星占いと宝石のお守り
- 173　華やかなサリーを着て記念撮影

- 168　スリランカ旅のヒント
- 174　おわりに

※本書掲載のデータは2024年9月現在のものです。店舗の移転、閉店、価格改定などにより実際と異なる場合があります。
※電話番号はすべて現地の電話番号を市外局番から掲載しています。スリランカの国番号は「+94」です。

Sri Lankan Calender
スリランカの一年

新年のはじまりは星占いで

　西海岸の暑さのピークは2、3月。その暑さが少しだけやわらぐ4月、スリランカの新年「アウルドゥ」がはじまります。新年のはじまりの時間（オスピシャスタイム＝縁起のよい時間）はなんと星占いで決まります。政府が選出した占い師が集まり、オスピシャスタイムが発表されます。アウルドゥ前はみんなわが家のアウルドゥ準備に集中。アウルドゥ後はお休み気分を少し引きずって、いつにも増して4月は仕事の面ではのんびりムードです。

　5月は「ヴェサック」、ブッダの生誕を祝います。仏教版クリスマスといったところ。街にはネオンで彩られた山車やランタンが飾られ華やかに。そしてこの時期、ダンサラといって通りすがりの人に食事やアイスクリームを配る風習があります。人びとに恵み、今生の徳を積むのです。観光客だってダンサラの列に並んでもなんの問題もありませんよ。

❶ お正月時期、スリランカ中に飾られるランタン ❷ ダンサラの風景 ❸ ブッダの一生を描いているヴェサックの大きな山車

種類も数も多い宗教行事

　6月の「ポソン」は仏教が伝わった大事な日。仏教の聖地ポロンナルワは参拝者でごった返します。

　8月には全国的に有名な古都キャンディの「ペラヘラ祭」が。電飾や豪華なマントをはおったゾウたちが、キャンディの街中を練り歩きます。街には即席の観覧席がつくられ、ワクワクした熱気に包まれます。当日に行っても必ず観覧席は購入できますよ。

　10月はヒンドゥー教の女神のお祭り「ディーパヴァリ祭」。「光の祭」とも言われ、オイルランプを灯して祝います。

　12月のクリスマス時期、キリスト教徒が多いニゴンボではキリスト誕生の模型が街中のそこかしこに。

　イスラム教では太陰暦に準じて年に一度ラマダン（断食期間）が。日が沈んだ夜にしか水分や食事がとれないので、この時期街にはなんだか寝不足の人が多いような。互いに「よいラマダンを！」と声をかけあいます。

　多宗教が共存するスリランカ。一年を通してさまざまな行事やお祝いごとがとても多いな、と思います。観光客も気軽に参加してみてください。きっとよろこんで迎え入れてくれますよ。

❹華やかに飾られたゾウがやってくると街の熱気は最高潮に！　キャンディのペラヘラ祭　❺ペラヘラ祭の踊り手たちはみな誇らしげ　❻ペラヘラ祭がはじまる日中は場所取り合戦でにぎわう　❼ディーパヴァリ祭では、削ったココナツに色をつけて花を描く

スリランカってどんな国？

スリランカ基本情報

- **正式国名**
  スリランカ民主社会主義共和国
- **面積**
  65,610km²（北海道の約0.8倍）
- **人口**
  約2203万人（2023年央推計）
- **首都**
  Sri Jayawardenepura Kotte
  スリ・ジャヤワルダナプラ・コッテ
  （大統領官邸、首相府はコロンボ）
- **政治体制**
  共和制
- **民族**
  シンハラ人(73%)、タミル人(18%)、
  スリランカ・ムーア人(8%)
  ※一部地域を除く値
- **宗教**
  仏教徒(70.2%)、
  ヒンドゥー教徒(12.6%)、
  イスラム教徒(9.7%)、
  キリスト教徒(7.6%)
  ※一部地域を除く値
- **言語**
  （公用語）シンハラ語、タミル語
  （英語は連結語）
- **主要産業**
  アパレル、紅茶産業、ゴム
- **通貨**
  スリランカルピー
  （LKR/Rs. 本書内ではRsで表記）
  1LKR＝0.47円（2024年9月現在）
- **日本との時差**
  日本より3時間30分遅い。
  日本が正午の時、スリランカは午前8時30分。

Adventure
in Sri Lanka

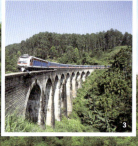

新しい世界に出会う旅

　スリランカは自然の宝庫。高原、ジャングル、さまざまな場所に希少な動物や植物が多く存在しています。そのため多くの場所が国立公園に指定されています。そんな彼らや雄大な自然と出会う道のりは少し大変ではあるけれど、足を運ぶ価値があります。苦労した先には思いがけない風景がきっと待っています。祈りの対象ともなる自然への想いは日本人とも共通するものがあるかもしれません。

　シギリヤでは吹き抜ける風の音や朝日が照らす緑の大地、広がり続ける青い空はきっとあなたの五感を刺激します。仏教国スリランカの聖地・仏歯寺で人びとが祈りを捧げるドラマチックな場面は、きっと心のアドベンチャーになるでしょう。2009年に内戦が終結し、誰にでもその扉を開いた北部スリランカは、今こそ訪れるべき場所として注目を浴びています。自然と人間の営みの美しさにどっぷりとひたるドキドキワクワクの冒険の旅に出発してください！

❶キャンディのペラヘラに参加するゾウは、日中はキャンディの街中で水浴びする ❷シギリヤ・ロックの壁面に描かれた絶世の美女「シギリヤ・レディ」 ❸エッラへの列車旅は人気アクティビティのひとつ ❹ジャフナはスリランカの最北端。言葉も文化も違う

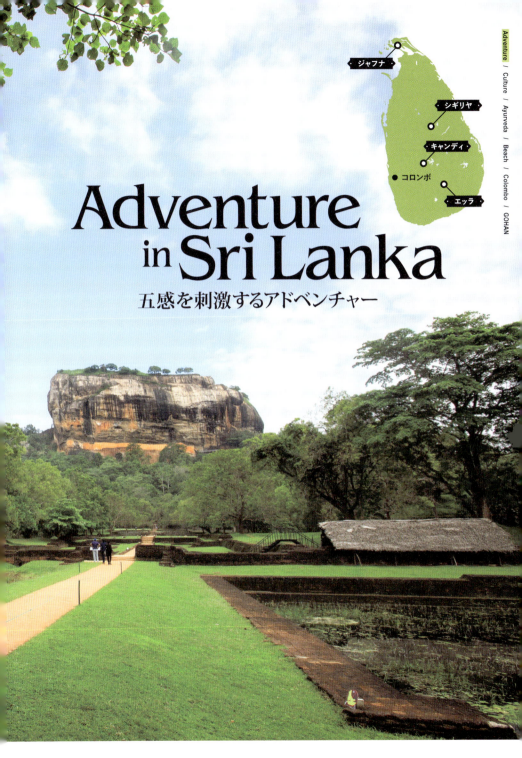

Adventure in Sri Lanka
五感を刺激するアドベンチャー

ジャフナ / シギリヤ / キャンディ / コロンボ / エッラ

Adventure / Culture / Ayurveda / Beach / Colombo / GOHAN

ポヤデー（満月の日）は混雑で登頂まで4時間かかることもあるシギリヤ・ロック

Sigiriya
シギリヤ

自然豊かなシギリヤ。そしてその大地にそびえ立つ岩の空中宮殿、シギリヤ・ロック。
その絶景とこんな場所に城をつくらせ立てこもった狂気の王の物語は人びとを引きつけてやみません。

朝靄のなか、姿を現すシギリヤ・ロック

Adventure / Culture / Ayurveda / Beach / Colombo / GOHAN

❶迫力ある巨大なライオンの爪がお出迎え ❷カーシャパ王の玉座 ❸頂上から見える瞑想の山、ピドゥランガラ ❹かつてのプールが残っている ❺巨大な岩が寄り添う下を通っていく

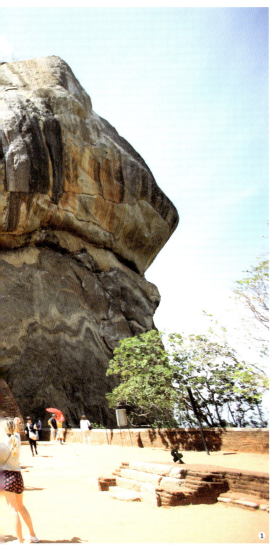

📷 Sigiriya Rock
シギリヤ・ロック

孤独な王が築いた天空の城

　スリランカと言えばココ！というほど、ほとんどのツーリストが訪れるスリランカいち有名な世界遺産です。5世紀後半、シンハラ王朝のカーシャパ王子は自分が王となるために実父を殺し、腹違いの弟を南インドに追放しました。しかしその後、仏教徒として父を殺すという最大の罪を犯した自責の念からか、また復讐を狙う弟から逃れるためか、7年かけてもともと僧たちの修行の場だった巨大な岩の上に王宮を造らせたのです。断崖絶壁の岩の宮殿にはプールやダンスステージ、王座が今も残っています。正気の沙汰とは思えないカーシャパの心の闇も、シギリヤ・ライオン・ロック（通称：シギリヤ・ロック（※））の魅力となっているのでしょう。カーシャパの王座は11年で弟の復讐により終わりを告げます。彼が自害したのちこの岩の城は眠りに入り、その1400年後、望遠鏡でこの岩山を観察していたイギリス人によって発見されたのです。頂上に登りスリランカの強い太陽と風を受けると、カーシャパの魂とこの岩の城が静かに朽ちていった情景に思いをめぐらせずにはいられません。

※旅行者にはシギリヤ・ロックとして親しまれていますが、地元のスリランカの人たちには、ライオン・ロックとして通っています。

⊕ Sigiriya Road, Sigiriya
☎ 011-250-7089（Central Cultural Fund Office）
⊘ 5:00～17:00（最終受付17:00）　⊗ 無休
入場料 US$35　MAP ⊙ P164 A-1

＼ 登るだけじゃない！こんな楽しみかたも！ ／
シギリヤ・ロック周辺の楽しみかた

シギリヤ自体は小さな村ですが、その周辺は自然がとても豊かな地域です。
シギリヤ・ロックと自然を味わい尽くして、魅力あふれるシギリヤを冒険してみませんか。

📷 Pidurangala Temple
ピドゥランガラ寺院

朝日に輝くシギリヤの大地を一望する

　私はホテル・シギリヤ前から朝4時半にスリーウィラーで出発、5時前に登山を開始しました。登りにかかる時間はおよそ40分と短いのですが、ゴロゴロとした岩を登っていくのでちょっぴりハード。ですが頂上からの景色そしてシギリヤ・ロックを見たら、そんな疲れがふっとびます。早朝登山にはヘッドライトなど足元を照らせるものを、また動きやすい服、靴（スニーカーなど）での登山をおすすめします。多くの登山客がいてルートは自ずとわかりますが、不安な場合にはホテルのスタッフや、いればガイドに相談しましょう。

🏠 Unnamed Road, Sigiriya（Pidurangala Raja Maha Viharaya）
入山料 Rs1000　MAP 📍P164 A-1

❶ 紀元前から仏教寺院でもあり、瞑想の場でもあったため登山道の途中には仏像や仏塔もある ❷ 一日のはじまりを特別な場所で迎える ❸ もしすべったら……と想像すると震えあがる一枚岩の頂上 ❹ 寺院入り口から登山道。入り口付近には客待ちのスリーウィラーがたくさんいる

Rental Bike
レンタサイクル

シギリヤ・ロックのふもとを散策

シギリヤにあるほとんどのホテルではレンタル自転車を置いています。のどかな村を自転車で気ままに散策するのはいかがでしょうか。工芸店をのぞいて、のどが渇いたら道端に売られているココナツジュースで元気をチャージ！シギリヤ・ロックに自転車で向かうツーリストも多くいます。

❺野生の猿に出会えることも ❻ホテル・シギリヤの近く、自転車コースの途中で見つけた写真スポットからのながめ

㊟1日US$15〜 デポジットが必要な場合も有。レンタル前に要確認 ※シギリヤ周辺はゾウと遭遇の恐れもあるため、特に早朝はガイドつきのサイクリングがおすすめ

Sri Lanka Balloon
熱気球

シギリヤの大地を空から見渡す

まだ薄暗いなか、ガスボンベに火が灯され気球がふくらんでいきます。参加者も準備の手伝いをして冒険へ出発です。その日の気候にもよりますが、上空150〜600mから文化三角地帯、古代につくられた貯水池や熱帯の森、美しい田園の上空を飛んでいきます。飛行時間は1時間ほど。

❼飛行中は知識豊かなパイロットにいろいろ質問してみよう

㊙ 1st Mile Post, Batuyaya, Kandalama Road, Dambulla
☎ 077-472-7700 URL srilankaballoon.com/
㊟ 6:00頃離陸（送迎時刻は予約後に確認）、11〜4月のみ運行 ㊗期間中無休 ㊥大人 US$250、子ども（6〜12歳）US$200、貸切 US$1750（朝食、滞在ホテル間送迎、保険込み。6歳未満は原則搭乗不可。ただし場合によっては可能なことも。メッセージアプリWhatsApp経由で要問い合わせ。12歳以下は要保護者同伴） MAP 📍P164 A-1

Bird Watching
バード・ウォッチング

豊かな自然に暮らす鳥たちに出会う

シギリヤは野鳥の宝庫と呼ばれ、スリランカにしか生息しない固有種など含めて160種以上の鳥たちが生息しています。自然のなかで生きる鳥たちの、愛らしくもたくましい姿に出会えるでしょう。優秀なナチュラリスト（自然解説員）がいるホテルもあります。虫よけや帽子を持参し、動きやすい服で。

❽ツアーは早朝や夕方に催行される。代表的な鳥はカワセミ、セイロンツバメなど ❾ナチュラリスト（自然解説員）にどんどん質問しよう

［バード・ウォッチング・ツアー実施ホテル］
◎ Jetwing Vil Uyana (P.23) ㊥ US$30
◎ Heritance Kandalama (P.50) ㊥ Rs2700

📷 Minneriya National Park ミンネリヤ国立公園

❶普段見られない動物たちの姿に座ってなんていられない! ❷野生のゾウたちの姿に大興奮 ❸ジープチャーター代のほか、たくさん動物の姿を見つけてもらえたならチップにお礼の気持ちをのせて

🏠 Maradankadawala-Habarana-Thirukkondaiadimadu Highway, Rambawilla
🕕 6:00～18:00、シーズン7～10月　MAP📍P164 A-2

大自然に暮らすゾウたちを間近で

　ゾウたちを多く見られる場所として有名な国立公園です。グループごとにジープを一台チャーターし、運転手を兼ねたガイドとともに出発します。大きな四駆のジープは屋根がないので高いところから頭を出すことができ、国立公園のパノラマを思う存分楽しめます。動物を多く見られるのは早朝と夕方の時間帯。7～10月の乾季には貯水池の水がひいた場所に生えた草を求めてゾウが大挙する「エレファントギャザリング」が見られることでも知られています。小さな子ゾウがじゃれ合う姿、ファミリーで子ゾウを守る様子など、ゾウの魅力を間近で知ることができます。

ミンネリヤ国立公園サファリは、ホテルで申し込むか、公園周辺に点在しているサファリツアーを実施する会社に交渉してください。
ツアー料金相場 大人US＄70～100、子どもUS＄35～50(専用ジープ＆ドライバー兼ガイド、国立公園入場料、サービスチャージ、税金、ホテルへの送迎含む)
※ツアー料金は実施時間帯、送迎場所によっても変動する。ゾウが少ない場合には近くのカウドゥッラ国立公園に向かう場合も

Elephant Freedom Project
エレファント・フリーダム・プロジェクト

ゾウに乗るのではなく、ともに歩く

　エレファントライドは人気のアクティビティなのですが、それは槍でゾウをコントロールして(ゾウは体が大きくとも感覚は繊細で痛みに敏感)、熱いアスファルトの上を歩かせるという、ゾウに無理をさせた上で成り立っているアクティビティでもあります。この施設の試みは、ゾウの間近で寝床の掃除や餌やりを手伝いながらゾウの生態や自然の大切さを知ってもらうという、とても革新的なもの。ゾウ使いは槍を使わず、掛け声だけでゾウとコミュニケーションを取ります。心やさしくお茶目なゾウと過ごす時間は忘れられないものになること間違いなしです。

⊕ Rambukkana, Karandanapa Rd, Kegalle　☎ 070-224-3584
URL elephantfreedomproject.com/　Elephant Freedom Project　@elephant_freedom
⏰ 9:00〜13:30、13:00〜17:1の1日2回
￥ 大人EUR€43、2〜17歳EUR€21.5(ランチと軽食含む)　MAP 📍P165 A-1

❶ゾウ使いのカルは槍を持たない ❷ココナツの殻を使って、川でゾウの体を洗う ❸ゾウのクマリとスタッフたち ❹ゾウに会う前に生態について英語の講義をうける ❺心のこもった家庭料理のランチ

Adventure / Culture / Ayurveda / Beach / Colombo / GOHAN

㊟ Madatugama, Pubbogama, Andiyagala Road
㊖ 7:00〜17:00
㊡ 祝日およびポヤデー
(入場料) US$5
MAP ♀P164 A-1

📷 Rose Quartz Mountain/ Jathika Namal Uyana

ローズ・クォーツ・マウンテン／ジャティカ・ナマル・ウヤナ

❶頂上で瞑想するかのようなブッダ像。お参りしていきましょう ❷深い緑が続くハイキング道の入り口 ❸足元にはびっしりピンククォーツ ❹空の色によって色の濃度が変わる。持ち出し禁止 ❺カサカサと音がして振り向くと猿やクジャクがいたりする

ピンク色の水晶の山をハイキング

　ハイキングコースの最初はセイロンアイアンウッドが茂る森林を歩いていきます。風で葉がかすれる音や木もれ日のなかを歩くのはとても気持ちが癒されます。そして森林を抜けると突然目の前にピンク色の山が！ 心を癒す効果があるといわれるピンククォーツが足元にびっしり。頂上には白いブッダ像が鎮座しています。そこからのながめは知られざる絶景です。青い空と風の音とピンクの大地、パワーがもらえる聖地です。急な斜面もあるので、動きやすい服、歩きやすい靴で出かけてくださいね。

Dambulla Cave Temple
ダンブッラ石窟寺院

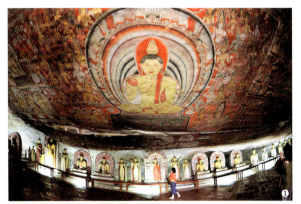

聖なる水が湧き出る黄金寺院

　5つの自然の洞窟からなっている寺院です。一番古い第一洞窟には涅槃像があり、足裏が赤いのは、赤土のスリランカに釈迦が訪れた印だそう。第二洞窟ではなぜか天井から水が滴っていて、聖なる水として崇められています。壁画に描かれた絵は釈迦の歩みの物語です。

❶聖なる水が滴る迫力の第二洞窟寺院 ❷それぞれ表情が違う仏陀像 ❸岩と融合するようにつくられている

🏠 Kandy- Jaffna Hwy, Dambulla
☎ 066-228-3605
🕐 7:00〜19:00　休 無休
入場料 12歳以上 Rs2000、12歳未満無料
MAP 📍P164 A-1

Polonnaruwa
ポロンナルワ

古代に栄えた仏教都市

　タミル人の侵略によって、シンハラ王朝がアヌラーダプラから都を移したのがここポロンナルワ。仏歯も遷都に伴ってこの地の北にあるアタダーゲーに祀られていました。巨大な遺跡群が多く見応えのある世界遺産です。地面がかなり暑くなるので靴下持参がベターです。

❹涅槃像の足の裏には「太陽のシンボル」が刻まれている ❺多くの僧や信者にとって聖地であるポロンナルワ ❻かつては屋根もあった円形の仏塔。7世紀につくられた

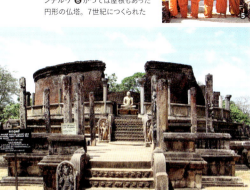

🏠 Polonnaruwa　🕐 7:00〜18:30　休 無休　入場料 US$30　MAP 📍P164 A-2

Nalanda Gedige
ナーランダ遺跡

木漏れ日がまぶしい静かな参道を進むと姿を表す遺跡

壁面を飾るヒンドゥー彫刻

　ヒンドゥー様式を用いた仏教寺院は国内で唯一ここだけです。セイロン島のシンボルとして8世紀にスリランカのほぼ中央に建立された寺院、どうやってその場所を計測したのか未だ謎であり、考古学の観点からとても有名なお寺だそうです。

🏠 Gedige Rd, Matale　入場料 無料　MAP 📍P164 A-1

多く参拝者がお供えものを持ってひっきりなしに訪れる菩提樹

Anuradhapura
アヌラーダプラ

スリランカ仏教はじまりの都

　ここがシンハラ王朝最古の都。紀元前3世紀にインドから仏教が伝わった際、仏教・政治の中心地となりました。スリー・マハー菩提樹はブッダがインドでその木の下で悟りを開いた菩提樹の分け木。それからずっと大事に守られています。

🏠 Anuradhapura　⏰ 7:30〜17:30　休 無休
入場料 US$30　MAP 📍P008

Mihintale
ミヒンタレー

仏教伝来の巡礼の地

　紀元前247年6月の満月の日、インビテーションロックに最初の仏教の教えが降り立った地として有名な聖地。そのため毎年6月から7月のポヤデーの時には多くの参拝者でにぎわいます。インビテーションロック頂上からの景色は360度の地平線が広がる絶景です。

🏠 Mihintale
⏰ 7:00〜17:00　休 無休
入場料 Rs1000　MAP 📍P008

かなり地面が熱くなるので靴下持参、でも滑りやすくもあるので急斜面は裸足で

🛏 Jetwing Vil Uyana
ジェットウィング・ヴィル・ウヤナ

自然の美しさを守る特別なホテル

　客室は自然そのままの中に点在するようにつくられたラグジュアリーなコテージタイプ。力強いデザインですが、スリランカを代表する女性の建築家スネラ氏によるもの。敷地内に生息する多くの野生動物が追い出されることのないように設計されました。スローロリスなど希少な動物をナチュラリストが案内してくれるナイトツアーはワクワクすると大人気！ どの場所で過ごしていても刻々と表情を変えていく自然が常に寄り添います。人気のシェフが腕をふるうダイニングは宿泊者以外も利用できますよ。

🏠 Jetwing Vil Uyana, Sigiriya
☎ 066-228-6000、
066-228-6003
URL jetwinghotels.com/jetwingviluyana/
❶ Jetwing Vil Uyana
@jetwing.viluyana
🛏 全36室　一室US$325〜、朝食別　MAP 📍 P164 A-1

❶ナチュラルな素材でつくられ広々とした客室　❷目にも楽しいバラエティ豊かなスリランカ・カレーのセット　❸シェフの自由な発想から生まれるイノベーティブな一皿　❹ひなたぼっこするワニ。動物を見つけたらレセプションにある黒板に書きこもう！　❺水田の上を渡って客室へ、夜はホタルが飛びかう

Kandy
キャンディ

シンハラ王朝が最期を迎えた古都。仏歯がまつられた仏歯寺はスリランカの人びとにとって何よりも大切な聖地です。
この町は祈りとともに一日がはじまり、祈りとともに暮れていきます。

まだ薄暗い夜明けのキャンディの街。仏歯寺から祈りの声が聞こえてくる

Temple of the
Sacred Tooth Relic

仏歯寺

美しい建築と人びとの祈る姿にふれる

　キャンディ湖のほとりにたてられたスリランカいち有名なお寺である仏歯寺。その名の通りブッダの歯がまつられていて、スリランカの仏教徒にとってとても神聖な場所です。紀元前に火葬されたブッダの犬歯がインドからスリランカに持ち込まれ、都の遷都ともに最後の王朝キャンディにたどりついたとされています。寺院のつくりはシンハラ建築と呼ばれ、八角堂や、波や雲を模した白い塀など細部まで見応えのある装飾が施されています。

　1日に3回プージャ(礼拝)がありますが、ぜひ早起きをして朝一番のプージャに行ってみてください。まだうす暗いなかを、白い服を身にまとったたくさんの人びとが祈りのために訪れます。お寺の前で売っているお供えの花は、その香りもブッダのためのものなので嗅いではいけないのだそう。鳴り響く音楽もブッダに捧げるためのもの。祭壇前で今か今かとはじまりを待つ参拝者たちの少し緊張した面持ちから、とても大切な儀式だということが伝わってきます。そして真摯なその祈りの姿に心を揺さぶられてしまいます。

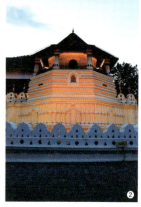

❶仏歯寺は神聖な場所。タンクトップ、短パン、ダメージジーンズでは入れない ❷波、雲を表現した塀の奥にある八角堂。以前は王の休憩所、今は図書室として使われている ❸仏歯が祀られた部屋の扉が開くのはプージャの時間だけ

Sri Dalada Maligawa, Kandy
☎ 081-223-4226
URL sridaladamaligawa.lk/
Sri Dalada Maligawa
@sridaladamaligawakandy
5:30〜20:00　無休
※プージャは1日3回　5:30／9:30／18:30
入場料 Rs2000　MAP P164 B-2

上／人びとの祈る姿は忘れられない光景になる　下／参拝の最後にオイルランプに火を灯す

Pinnawala Elephant Orphanage
ピンナワラ・ゾウの孤児院

むじゃきに遊ぶゾウに癒される

　親を失ったり、障害を負ったりしたゾウたちを保護するためにつくられた施設。1日に2回、ゾウが施設を出て通りの反対側にある川に水浴びに行くのですが、それはもう圧巻です。サイレンが鳴り響いたかと思うと、さっきまで自分たちが歩いていたお土産売り場が並ぶ道を、何十頭というゾウが川を目指して駆け抜けます。すぐそばを通り過ぎるゾウの勢いに思わず身構えてしまうほど！ でも気ままに水浴びを楽しむゾウの姿は愛くるしくずっとながめていられます。ころころとした子ゾウがふざけあっている姿に、観客の目はハートです♡

⊕ Elephant Orphanage, Pinnawala, Rambukkana
☎ 035-226-6116
🅕 Pinnawala Elephant Orphanage, Srilanka
🕗 8:30〜17:30　㊡無休
🅟 大人 US$15、3〜12歳 US$7.5（要パスポート）
※ゾウへのミルクやりは 9:15〜9:45、13:15〜13:45、
フルーツやりは 9:00〜9:45、12:00〜13:45、
水浴びは 10:00〜12:00、14:00〜16:00
MAP 📍P165 A-1

❶ゾウたちが水浴びをすごくよろこんでいるのが伝わってくる ❷孤児院内ではゾウにフルーツをあげることもできる ❸ココナツの殻で洗ってもらってご満悦 ❹間近で見るゾウたちが川に向かっていく姿は大迫力！

Balaji Dosai
バラジ・ドーサ

タミル人のソウルフード食堂

古都キャンディは南インドがルーツのタミルの人も多く暮らしています。ここはキャンディの誰をも魅了するタミル系ドーサ食堂。ドーサ（P.152）もおいしいのですが、薄い小麦粉生地を揚げたプーリーも絶品。かみしめると生地のうまみがわかります。ワデ（P.153）もつけるのが私のおすすめです。市内に3店舗あり。

🏠 3 D.S Senanayake Veediya, Kandy
☎ 081-222-4593
🕖 7:00〜21:30　休 無休
MAP 📍 P164 B-2

❶ 揚げたてプーリーのセットRs400とワデRs100　❷ ツーリストからも地元の人からも愛されている店

Cafe Secret Alley
カフェ・シークレット・アリー

🏠 10/1/1/1, Kotugodalla St, Kandy
☎ 077-303-2933
📘 Secret Alley　📷 cafesecretalley
🕖 7:00〜17:00　休 月曜　MAP 📍 P164 B-1

フレッシュジュースでひと休み

店名の意味は「秘密の小道」。ほそ〜い階段をあがっていくと、ペイントが可愛らしいカフェがあらわれます。店はオーナーがすべて手づくりしたそう。キャンディ近郊でとれる新鮮なフルーツや野菜を使ったジュースはひと息つくのにおすすめです。ヘルシーなブレックファストメニューで旅行中のビタミン不足も解決！

❸ 左奥の細い階段を登っていくと...　❹ テーブルにはいつもパイナップルが飾られている　❺ 2人でシェアもできそうなパンケーキRs1890とフレッシュジュースRs890

❶建物は歴史的保護建造物に指定されている ❷館内のいたるところに歴史を感じる ❸チェッカーの床とアーチ型のバーカウンターが印象的な一階

🏠 No.44 Raja Veediya, Kandy
☎ 081-222-4449
URL royalbarandhotel.com
📘 Royal Bar & Hotel
📷 @royalbarandhotel
MAP 📍 P164 B-1

 ## Royal Bar & Hotel
ロイヤル・バー・アンド・ホテル

100年以上前のバーにタイムスリップ

19世紀初頭のイギリス植民地時代、貴族の邸宅として造られた建物が、その風情を残しながら食事やお酒を楽しめるレストラン、ホテルへと変わってたくさんの人を迎えています。館内にはその歴史を伝えるミュージアムもあり、建物が辿ってきた歴史を肌で感じることができます。

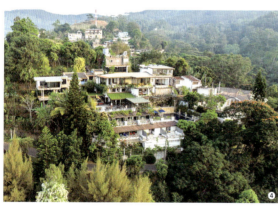

❹キャンディ駅から車で15分ほど。ゲストルームやメインダイニングからは遮るもののない景色を ❺見渡しのよいテラスで食事を。スリランカ料理とフュージョン料理を提供している ❻客室はそれぞれ基調となるカラーが異なる

 ## Theva Residency
テバ・レジデンシー

おもてなしと料理が自慢の癒しの宿

にぎわうキャンディの街から山を少し上った閑静な場所にあるホテル。山の斜面に造られているため、景色が遮られることがありません。館内のいたるところにキャンディにちなんだアートが飾られていて、キャンディの情緒に浸れます。スタッフのあたたかい接客と気づかい、そして素材からこだわる洗練された料理が特別な滞在にしてくれるはず。

🏠 11/B5/10-1, 6th lane, off upper tank road 2, Hanthana, Kandy
☎ 081-738-8296   URL theva.lk
📘 Theva Residency - Kandy
📷 @the_theva_residency
🛏 全15室 💰 US＄105～、朝食つき
MAP 📍 P165 A-1

Jetwing Kandy Gallery
ジェットウィング・キャンディー・ギャラリー

完璧な隠れ家で至福の滞在

　到着のセレモニーから出発の瞬間までスリランカの伝統的なおもてなしを受けられる自然に囲まれた癒しの宿。館内は国を代表するアーティストの作品で飾られ、不定期ですがスリランカの伝統工芸のデモンストレーションやキャンディアンダンスのアクティビティの開催など、滞在を通してスリランカの文化に深く触れることができます。ゲストには専属の執事がつき、24時間リクエストに対応可能。食事についても、提供する皿はホテルのオリジナルで、シェフのアイデアと技術が詰まった料理が心もお腹も満たしてくれます。

❶スリランカのろうけつ染めがベッドボードに ❷ペラヘラのファイアーダンスを模したデザイン ❸地域の食材にこだわったシェフの逸品 ❹グラスもホテルオリジナル ❺ホテルの目の前にはスリランカ最長のマハウェリ川が流れる

⊕ De Soysa Estate, Gonawatta, Maligathanne, Gurudeniya, Haragama, Kandy
☎ 081-203-4000　URL jetwinghotels.com/jetwingkandygallery
Jetwing Kandy Gallery　@jetwinghotels
全26室　US＄316〜、朝食つき　MAP P165 A-1

Ella エッラ

時を経て重厚さが増すナイン・アーチズ・ブリッジと青空、列車の織りなす風景を一度は見たいと人気が高まるエッラ。列車で訪れるのはもちろん、南部まで伸びた高速道路によって車でのアクセスもよくなりました。

美しい茶畑の中を列車で進む

Nine Arches Bridge
ナイン・アーチズ・ブリッジ

20世紀初頭につくられた天空の橋

　9つのアーチからなる橋は100年以上経つ今も現役で、毎日列車が通ります。写真映えする、と観光客に大人気のスポットとなりました。観光ルートは、上から見るか、下から見るか、はたまた橋を渡るのか、と数種類。慣れている地元のトゥクトゥクドライバーと相談するのがおすすめです。必ず事前に値段交渉を。

❶橋には手すりや柵などはないので、橋の上を歩く場合は十分に気をつけて ❷日中は混雑するので朝早い見学がおすすめ。列車の時刻を調べてから出かけよう

🏠 エッラ駅とデモダラ駅の間
MAP 📍 P165 C-1

Little Adam's Peak
リトル・アダムス・ピーク

数十分の気軽な絶景ハイキング

　本家のアダムスピークが標高2243mなのに対して、こちらはその名のごとく1141mと子どもでも登れるハイキングコースとなっています。名前は「リトル」ですが、頂上からながめる景色は雄大。眼下には道路や民家がまるでミニチュアのように見えて楽しく、つい長居してしまいます。水分持参をお忘れなく。

🏠 Little Adam's Peak, Ella
MAP 📍 P165 C-1

❸エッラロックを望む頂上 ❹序盤は茶畑の中を歩いていく
❺目印の立て看板

❶ 飾られた牛車の車輪はオーナー家族の手作り ❷ テリヤキチキンソテー Rs.2300 ❸ フムス＆サルサ with トルティーヤ Rs1350 とモヒート Rs1650 ❹ レンガと木をふんだんに使ったあたたかみのある造り

AK Ristoro
エーケー・リストロ

旅人がひと息つけるレストラン

　どのメニューもていねいに仕上げられていて、つけあわせのサラダには地元の野菜がふんだんに使われています。これは旅に少し疲れてしまったツーリストにお腹も心もホッとひと息ついて欲しい、というオーナー夫妻の思いから。店名はイタリア語の「休息」と「ビストロ」を合体させたもの。イタリアンから日本食、フュージョン料理まで多彩に楽しめます。タパスやカクテルも豊富なのですが、キッズメニューにも力を入れているのは家族づれにもうれしい心づかいです。

🌐 No 37,Grand view,Passara Road,Ella
☎ 057-205-0676
📘 Ak Ristoro Ella(Fusion cuisine)　📷 @ak_ristoro
🕐 11:00 〜 21:30　🗓 不定休　MAP 📍 P165 C-1

The One Ella
ザ・ワン・エッラ

エッラの自然にとけ込む心地よい宿

　さまざまなホテルを泊まりあるいたオーナーがつくり上げた、二部屋だけのぜいたくなゲストハウスです。シンプルなのに旅人にうれしい設備が満載。大きな窓からは一秒ごとに景色を変えていく雄大なエッラの自然がながめられ、朝は澄んだ空気のなか、地元産の食材を使った朝食がテラスで味わえます。絶妙な距離感でゲストへの心配りを忘れないオーナーの人柄も居心地のよさにつながっています。リトル・アダムス・ピークやエッラの町も徒歩圏内。気ままに旅の計画ができることも大きな魅力です。

⓪ 3rd mile Post, Passara Rd, Ella
☎ 077-411-6802
🛏 全2室　㈹ 一室US＄120〜、朝食つき
MAP 📍P165 C-1

❶ 清潔に掃除された客室
❷ リトル・アダムス・ピークに向かう道の入り口に建つゲストハウス
❸ 朝起きるとテラスには目にもうれしい朝食が準備されている
❹ テラスのハンモックに揺られてひと休み

列車の窓から知るスリランカ

ツーリストカーやバスでは見られない景色が鉄道の旅にはあります。
線路のすぐそばには人びとの生活や大自然が。
そして一緒に列車に乗り合わせたスリランカの人びととの
時間もまた旅の思い出です。

スリランカ人も列車から望む海が大好き！

列車旅の魅力

　正直に言うと、スリランカの列車は日本ほどきれいではないし、時間通りにこないこともしばしば。予約もちょっとめんどくさいところがあります。でも私は鉄道の旅が好きです。早朝のコロンボ・フォート駅には、これから長旅に出発する家族の一団や地図を広げた旅行者のワクワクが満ちています。そこに、朝日をさえぎりながら轟音とともにホームに入ってくるいかつい顔の列車。わーっと列車に駆け込む人たちや軽食や飲みものの売り子たちでホームはてんやわんやです。

近距離切符は年季の入ったパンチャーで印字される

でもそんなにぎやかさは、旅のはじまりにとてもふさわしい気がします。
　そして走り出す列車。驚くほど線路のすぐそばに人びとの生活があります。食事の用意をする人、洗濯ものを干している人、凧を持って駆けていく子どもたち、川で沐浴する家族。都市部、郊外、農村部、緑豊かなジャングル……決して裕福ではない生活が垣間見えるシーンもありますが、こんなにもさまざまなスリランカの表情が見られるのは、鉄道の旅ならではだと思います。
　鉄道の旅を楽しんでいるのはスリランカの人も同じです。みんなニコニコ、車内販売を楽しんだり、近くにいる人とおしゃべりに興じたり、もちろん旅行者にもとても優しく接してくれます。「次は向こうにいい景色が見えるよ」「ここは何々が有名だよ」と教えてくれることも。一緒の車両に乗り合わせたひとときは、きっと旅に色を添えてくれることと思います。

列車旅を楽しめるおすすめの路線

スリランカに7つある路線のなかから
私のおすすめをピックアップ！

都市部
コロンボ・フォート Colombo Fort
～ マウント・ラヴィニア Mt.Lavinia

「切符が予約できなかった」「時間的に長距離の列車に乗る余裕がない」そんな時におすすめなのがこの路線。車で約20分のコロンボ―マウント・ラヴィニア間を、のんびりガタゴト、30分ほど各駅停車に揺られる列車旅です。コロンボ・フォートから2つ目の駅を過ぎたあとは、ずっと海岸線を走っていきます。海との近さは、波が強い日には顔に波のしぶきがかかりそうなほど。コロンボ・フォートから乗る際には、進行方向右側に席を取りましょう。雄大なインド洋が目の前に広がります。ただ朝と夕方のラッシュ時は避けてくださいね。混みすぎて景色を楽しむどころではなくなってしまいます。

マウント・ラヴィニア駅そばには、歴史的に貴重なコロニアルホテル、マウント・ラヴィニア・ホテルがあります。スリランカ・カレーが自慢のホテルなので、ランチビュッフェに出かけるのもいいかもしれません。また駅のすぐそばにはビーチが広がっています。シーフードレストランやカフェも多く、ローカルの人に混じって海辺の散歩を楽しむのもおすすめです。

列車に揺られると眠くなっちゃうのは万国共通

海岸線
コロンボ・フォート Colombo Fort
～ ゴール Galle

海岸沿いを走っていく2時間半（特急の場合）の列車旅です。ゴールに向かう場合は右側が海側になります。通勤、通学で使われることが多く、混む路線でもあります。満員の車内に物売りが入ってくるなどなかなか騒がしい面もありますが、ローカル気分を味わうには楽しい路線です。混んでいる場合はデッキに立つことも。乗車口は常に開いているので風は気持ちいいのですが、落ちないように気をつけましょう！　エアコンつき一等車がついた列車もあり、そちらはオンライン予約できます。

途中にはスリランカ有数のビーチリゾートであるベントタやサーフィンで有名なヒッカドゥワが、コスコダにはウミガメの赤ちゃんを放流体験できる保護センターが多くあります。

乗車口は常にオープン、乗客たちは乗り降りがすばやい

高原　ハットン Hatton 〜 バドゥッラ Badulla

茶畑の広がる山間部を走る路線です。歴史は古く、植民地時代に紅茶を運ぶためにつくられました。霧がかかる幻想的な風景や数々の滝、茶摘みをする女性たち、といった景色が窓の外を流れていきます。コロンボから乗ってもいいのですが、実は茶畑や山間部の景色がたっぷり楽しめるのはハットンを過ぎたあたりからです。ハットンからタラワカレの駅までは左側にたくさんの滝を見ることができます。タラワカレを過ぎたら今度は右側に美しい景色が広がります。またエッラには有名なナイン・アーチズ・ブリッジ(P.33)があります。セメントとレンガでつくられたこの橋は1921年に完成しました。

高原地帯を走る列車に乗る際は、窓が開けられて涼しい空気が楽しめる二等車がおすすめ。乗車中、写真を撮りたい時や景色をながめたい時には乗務員が乗車口を開けてくれますが、岩山のすぐそばや高所を走る際には危険なので控えましょう。

茶摘みの女性たちが見られることも

「出発するぞ、急げ〜」と声をかける改札員

切符の買いかたと列車の時刻

切符の購入は出発日の1ヶ月前から。コロンボフォート駅で一等車などを含む長距離切符の取り扱いは17番窓口、近距離切符は等級ごとに窓口がわかれています。オンライン購入も可能となりましたが、すべての列車には対応しておらず、乗車前に17番窓口で発券してもらう必要があります。対応している列車はオンライン予約サイトで確認してください。

スリランカの鉄道は運賃が安いということもあり、人気の路線や電車は早い段階で埋まってしまうことがほとんどです。旅行会社で切符購入を代行しているところもありますのでうまく利用しましょう。列車の時刻はスリランカ・レイルウェイのサイトから確認できます。

◎切符購入代行可能な旅行会社
　ヤートラ・トラベルズ
　URL yathrajapan.com/

◎鉄道運行スケジュール
　スリランカ・レイルウェイ
　URL eservices.railway.gov.lk/schedule/

◎オンライン予約サイト
　URL seatreservation.railway.gov.lk/mtktwebslr/

❶充電設備もついた一等車の車内 ❷コロンボーデヒワラ間の普通列車の切符 ❸使いこまれた木製の時刻板、手動で時間をお知らせ

ツーリストがうまく駅・列車を利用するコツ

○ 特別な列車 オブザベーション・カー

クラシックタイプの車体のみ、最後部の一等車両だけ大きな窓の展望列車(オブザベーション・カー)になっています。景色のよい高原地帯を走る大人気の車両で、早めの予約が鉄則です。予約の際に必ず展望列車希望の旨を伝えましょう。切符には「OVC」と記載されます。

展望列車の最後尾席が取れたらとってもラッキー!

ディーゼル車のゴツゴツしたデザインが新鮮に感じる

○ 不明点はツーリスト・オフィスへ

コロンボ・フォート駅にはツーリストのための相談窓口、ツーリスト・オフィスがあります。路線図や時刻表がわかりづらい時は相談してみてください。

○ 大きな荷物は預けて身軽に

大きな荷物を持っての旅は何かと不便。大きな駅には荷物を預かってくれるクローク・ルームがあります。荷物の鍵はしっかり締めて預けてください。

○ 朝早めの出発が吉

遅れることが多いスリランカ鉄道ですが、早朝はまだ遅延が少ないようです。

○ ローカル気分を満喫

スリランカ最大の駅コロンボ・フォート駅前にはたくさんのレストランや売店が並び、早朝出発の列車に合わせて朝から元気に営業しています。駅前のカデ(シンハラ語で商店の意)で甘いミルクティーとカレーパンの朝食はローカルさながらです。ローカルスナックを駅弁がわりに購入していくのも楽しい旅になるかもしれません。

○ 列車とツーリストカーで 広がる選択肢

人気の高原地帯を走る電車ですが、コロンボからバドゥッラまで向かうと10時間近くの乗車時間になります。それは時間的にも体力的にもきつい旅程……。そこでキャンディなどからツーリストカーでハットン駅に向かい、列車に乗車。3時間ほど列車移動を楽しみ、バドゥッラ駅でピックアップしてもらうという「車と列車の合わせ技」も時間を有効に使うコツです

○ 外国人専用休憩所を使おう

ある程度大きな駅には外国人専用の休憩所(Foreigner's Rest Room)が設置されています。なかにはツーリストマップや観光地のパンフレット、きれいに清掃されたトイレが完備されている場合もあります。積極的に利用しましょう。

出発前の乗客たちで賑わう駅前のカデ(商店)

Jaffna
ジャフナ

ヒンドゥーの神さまたちが守るスリランカ最北の地。内戦を終え、歩みはゆっくりですが確実に復興に向かっています。飾らない素顔のスリランカがここにあります。

ヒンドゥー神話の神さまが躍動する色の街

ナーガディーバ寺院
Ⓐ Nainativu, Jaffna ☎ 021-321-3356
休 無休　料 無料　MAP 📍P167 A-1

ナーガプーシャニ・アンマン寺院
Ⓐ Nainativu,Jaffna ☎ 021-320-7785
営 6:30〜13:30、16:30〜19:30
休 無休　料 無料　MAP 📍P167 A-1

※島へのフェリーは7:00〜18:00 /30分毎に運航　📷 @nainathivu

📷 Nainativu Island
ナイナティブ島

青い海をこえて祈りの島へ

　ブッダは生涯のうち3回スリランカを訪れたとされていますが、そのひとつがここナイナティブ島です。そのため仏教徒にとってここは聖地、コブラに守られているブッダのナーガディーパ寺院が建立されました。またすぐ近くにはナーガプーシャニ・アンマンというヒンドゥー寺院がつくられています。最高神シヴァの妻アンマンがまつられ、ヒンドゥー教徒にとっても聖地とされています。ヒンドゥー神話の場面を模した大きくて鮮やかなゴープラム(塔門)は聖域と俗世界の境界線。鮮やかで少し恐ろしげな神さまたちの群像劇は圧巻です。

❶クリカッデュワンの船着場からフェリーに乗る　❷ギリシャ彫刻の流れも汲んでいるのだろうか　❸「ナーガ」は蛇の精霊を意味する言葉　❹最強の女神と名高いシヴァ神の妻、アンマン　❺寺院内は撮影禁止。靴、帽子は脱ぎ、男性は上半身裸に。女性は肌の露出を控える

Keerimalai Spring
キーリマライの泉

傷ついた人びとを癒す沐浴場

人びとだけでなくヒンドゥー教の神さままでも癒したといわれる伝説の泉です。水源は近くの寺院周辺から湧き出ているとされ、病気や怪我を治す泉として信者にとって大切な沐浴場です。男性用と女性用に分かれ、女性の泉は高い塀に囲まれています。週末にははしゃぐ子どもたちの姿も。

❶クラフトやアートが展示されているミュージアムもある ❷ミュージアムにカラフルにまつられたヒンドゥーの神、ガネーシャ ❸男女別の更衣室がある。裸では入れないため露出の少ない水着か濡れてもよい服装で

㊐ Maviddapuram-Keerimalai Rd, Kankasanturai, Jaffna
⏰ 8:00〜18:00 ㊡無休 ㊋無料(トイレは有料)
MAP 📍 P167 A-2

❹ヒンドゥー寺院の入り口となるゴープラム ❺ヒンドゥー寺院は神々の住居と考えられている ❻寺院内にまつられたシバ神像

Neguleswam Kovil
ネグレスワム・コヴィル

ヒンドゥー教徒の心のよりどころ

シヴァ神がまつられた寺院はスリランカに5つありますが、その1つがここ。この周辺で最も古い寺院で、タミル暦の4月に行なわれる祭事にはたくさんのヒンドゥー教徒が訪れます。植民地化や内戦で甚大な被害を受けた寺院ですが、人々の信仰心によって再建が行われてきました。

㊐ kankesanturai, Jaffna ☎ 021-790-0470
㊡無休 ㊋無料 MAP 📍 P167 A-2

Manalkadu Dutch Church
マナルカドゥ・ダッチ教会

砂に眠る教会と墓地

⊕ Manalkadu beach,Jaffna
⊛ 無料　MAP ♀ P167 A-2

　17世紀頃、オランダ様式の石づくりの教会が砂丘の上につくられました。すぐそばには海の方を向いてまつられている墓地もあります。見ると2004年のスマトラ島沖地震の被害者もここに眠っていました。だんだんと砂に侵食され沈んでいくさまは、まるで映画の一場面のようです。

❶ 今もこの地区はキリスト教徒が多く住んでいる ❷ かつてキリスト像やマリア像が飾られていた壁面 ❸ カラフルに彩られた墓標

Sakkotai Cape
サッコタイ岬

スリランカ最北の地に立つ

　ここがスリランカの最北端。この岬がある町ポイント・ペドロ(Point Pedro)の名前は、ポルトガル語の「岩の岬」が語源です。この地で栽培されていた綿花がこの海岸から南インドへ輸出されていたことから、タミル語では「木綿海岸」と呼ばれています。のどかな漁港の中に位置しています。

❹ よく晴れた日にはインドの海岸線も見えるそう ❺ 植民地時代は大きな貿易港だった ❻ スリランカ最南端のドンドラ岬とは直線で432km離れている

⊕ Point Pedro
*Jaffna駅から車で50分ほど
MAP ♀ P167 A-2

Mangos Indian Veg
マンゴス・インディアン・ベジ

ベジタリアンスタイルの南インド食堂

　地元の人たちから長く愛される人気食堂です。ランチタイム限定の南インドの定番ターリー、そして大きな鉄板で焼かれるドーサが看板メニュー。米と豆の粉を使い発酵させた生地のほのかな甘さと、パリパリ食感が最高です。サイドにはインドのチーズ、パニール炒めを！

🏠 129 Main Street, Jaffna　☎ 021-222-8294
Ⓕ Mangos Veg　Ⓘ @mangosindianveg
🕘 8:00～23:00　無休　MAP 📍P167 A-2

❶ ランチどきのお客ほぼ全員が食べている人気定食ターリーRs650
❷ なかにポテトカレーが入っているマサラドーサRs550、奥はペーパードーサRs650
❸ 入り口には大きなマンゴーの木が生い茂っている

Jetwing Jaffna
ジェットウィング・ジャフナ

燃えるような夕日が見られる

　リゾートホテルがまだ少ないジャフナにおいて、安心して泊まれるホテルのひとつです。「ワラッカム！（ようこそ）」とタミル語でお出迎え。建物は町一番の高さを誇り、屋上のバーにはサンセットタイムを過ごすために訪れる人も。エキゾチックな雰囲気のレストランで出されるジャフナスタイルのカニカレーは必食のおいしさです。

❹ 心地よく過ごせる設備が整った客室 ❺ ワタリガニの濃厚な風味を活かしたジャフナスタイル・カニカレー ❻ 額に祝福の赤い粉をつけるヒンドゥースタイルでお出迎え

🏠 37 Mahatma, Gandhi Rd, Jaffna
☎ 021-221-5171
🌐 jetwinghotels.com/jetwingjaffna/
Ⓕ Jetwing Jaffna
Ⓘ @jetwinghotels
🕘 全55室　一室US$120～、朝食別
MAP 📍P167 A-2

Sri Lankan
Culture

バワの別邸ルヌガンガ。フランジパニの木は彼のお気にいりだった

Sri Lankan Culture

世界を魅了するカルチャー

知識欲を満たして さらに豊かな旅を

　せっかく訪れたスリランカ、その背景や文化を知ってさらに充実したものにしませんか？　スリランカはコロンブス航海時代から、その立地上とても重要な拠点となってきました。夏目漱石もロンドンへ行く途中コロンボに寄港し、はじめて「ライスカレ」なるものを食べたそうです。スリランカは多くの人たちが行き交っていた場所、そんな背景からさまざまな国や地域の文化がスリランカのカルチャーと融合してきました。その姿はきっとスリランカを訪れる人にとってとても新鮮に映ることでしょう。小説家のアーサー・C・クラークもスリランカに魅せられてイギリスから移り住み、人生の最後もスリランカで迎えました。スリランカはアラビア語では「セレンディップ」、予期せぬ素敵な出会いや発見を意味するセレンディピティの語源です。みなさんのセレンディピティがこの輝く島にありますように。

❶スリランカには紅茶の7大産地がある ❷バワのホテルにはアートが欠かせない ❸ゴールの街の道路標示に残るコロニアルの空気 ❹アフタヌーンティーでぜいたくな午後のひとときを

ヘリタンス・カンダラマ
ジェットウイング・ラグーン
コロンボ
（パラダイス・ロード・ザ・ギャラリー・カフェ）
ルヌガンガ
ゴール
（ジェットウィング・ライトハウス）
主要な紅茶産地

Geoffrey Bawa
建築家・ジェフリー・バワ

インフィニティプールの生みの親

バワによってスリランカを知った人も多いのではないでしょうか。
そのぐらいバワの建築群は時代や国境を越えて見た人の心を揺さぶります。
そしてバワのデザインのそばにはいつも自然がありました。

ジェフリー・バワってどんな人？

バワはヨーロッパ人の血をひく上流階級の家に生まれます。弁護士の父のもと、彼もまた弁護士を目指していました。また、幼少期から旅好きの母に連れられヨーロッパやアジア諸国などを旅して、異文化に自然と触れていました。幼い頃から美意識が高く学校へ通う時も個性的な服装をしていたそうです。

イギリス留学を終えたのちコロンボへ戻り、弁護士となりますが、自分の理想郷を作ろうとゴム農園を購入します。しかし建築の知識がないためうまくいきません。バワは建築を学ぶため、再びイギリスへと向かいます。

その後、建築家としてのキャリアをスタートさせました。その時彼は38歳、遅咲きにもかかわらず数々の名建築を手がけ、今やリゾートホテルではよく見かけるインフィニティプール(注)も彼のアイデアから生まれました。

バワの創造のパートナーはスリランカの自然。輝く太陽、深い緑の森、豊かな水、力強い自然が彼にインスピレーションを与えていました。彼の作品は愛する自然と融合しつつ、さらにその魅力を最大限ひきだすようにデザインされています。ダイナミックな瞬間、ロマンチックで繊細な瞬間、とさまざまな表情で私たちに美しさを訴えかけてきます。

❶幼い頃から独特の美意識を持ち合わせていたというジェフリー・バワ ❷ギリシャやアジア、さまざまな文化が交錯している ❸ギリシャ様式からインスピレーションを受けているという階段

アートもこよなく愛していたバワ。起用するアーティストたちも彼の作品を彩っています。彫刻家ラキ・セナナヤケによるヘリタンス・カンダラマ(P.42)の「ふくろう」やジェットウイング・ライトハウス(P.44)の螺旋階段「ランデニヤの戦い」、同じくライトハウスのバーの天井にある、バティックアーティストのエナ・デ・シルバのバティックなど、どれもため息ものです。

世界を知り、外から見たスリランカも知るバワの作品だからこそ、随所にスリランカがたどってきた歴史や文化が散りばめられています。それも彼を唯一無二の存在にしているのでしょう。

(注)縁に手すりなど視界をさえぎるものがなく、水面が海などその先の景色と一体化して見えるようにデザインされたプール。

2人で座ると向かい合うバワの代表作「ラブチェア」

❶壁面が全てガラスのグラスルーム ❷中庭に面したパワのデスク(ジェフェリー・バワ・スイートルーム) ❸静かにゆったりといただく朝食 ❹ルヌガンガでバワが朝食をとっていた場所

📷 🛏 Lunuganga ルヌガンガ

バワの実験場であり理想郷

　バワの創造へのこだわりはとても強く、理想郷を作るために買ったゴム農園で、研究・実験をくり返します。造形美はもちろんのこと、どんな素材で何年経過したら理想の風合いにたどりつくのかなどについて納得いくまで検証していました。そのかつてのゴム農園が、現在ホテルとなっています。ここには濃縮された彼の世界があり、ほかのホテルにも垣間見られる彼のルーツを見ることができます。バワが過ごしていたジェフェリー・バワ・スイートルームやグラスハウスも宿泊可能です。

Dedduwa, Bentota　☎ 077-363-8381　URL teardrop-hotels.com/
Lunuganga Trust　@lunugangatrust　全10室　一室US$275〜、朝食、ガーデンツアー、アフタヌーンティー含む　◎ガーデンツアーは宿泊者以外も参加可能。11:00〜/14:00〜/15:00〜、US$15、要予約　MAP P166 A-2

※このページの写真すべてルヌガンガ

Heritance Kandalama
ヘリタンス・カンダラマ

自然をこよなく愛するバワの世界観

　バワの最高傑作とも言われているこのホテル、自然との融合をコンセプトにつくられています。いざホテルをつくろうとしたら山のなかから大きな岩がゴロゴロ出てきたそうです。その岩は削られることなくホテルと見事に一体化し、このホテルを唯一無二のものにしています。自然に寄り添いながらデザインを練り直し、つくられていったホテルなのです。ホテルの全長は1km、そこかしこに美しいバワデザインのイスや彼と親交のあった芸術家の作品などがあり、見どころもたくさんです。バワデスクに座ってバワが好きだった景色を味わってください。

PO Box 11, Dambulla　066-555-5000
heritancehotels.com/kandalama/
Heritance Kandalama　@heritancekandalama
全152室　一室US$180〜、朝食別
MAP P164 A-1

❶形を変え続ける自然に合わせてメンテナンスをしているそう ❷ラキ・セナナヤケによるアート。フクロウが飛び立つ表情と降り立つ表情を両面に表現している ❸「いつか自然に埋もれていくように」と設計された ❹趣の違ったプールが3つ敷地のなかに点在している ❺野生の動物もじっくりと観察できる ❻デスクのイスに誘うように角度をつける設置はバワスタイル

🎥 🛏 Jetwing Lighthouse
ジェットウィング・ライトハウス

ゴールの灯台に向かうバワの美しい船

　ゴールの海にせり出すようにつくられたこのホテル、実は客船を模しています。バワがモロッコ、オランダ、中国をテーマにつくったスイートルームは上品かつ遊び心にあふれています。ロビーフロアの鏡面磨きの床は海と空の美しさを演出し、螺旋階段を彩るラキ・セナナヤケの彫刻は一度見たら忘れられません。また建物がつくり出す影も絵になっていて、バワの完璧なデザインにうなってしまいます。細部にまでバワの美意識が反映されています。

❷

❶バワ建築に多く見られる鏡面磨きの床 ❷螺旋階段にあるラキ・セナナヤケの作品 ❸バーの天井を彩るテキスタイルアーティスト、エナ・デ・シルバのバティック ❹光と影のコントラストが美しい廊下 ❺ベッドに高さがあるのは、いつでも水平線が見られるようにというバワのアイデア ❻モロッコをイメージしたスイートルーム「イヴァン・バトゥータ」

住 433 A, Dadella, Galle ☎ 091-222-3744
URL jetwinghotels.com/jetwinglighthouse/
 jetwing Lighthouse @jetwing.lighthouse
全85室 一室US$203〜、朝食別
MAP P166 B-1

Jetwing Lagoon
ジェットウィング・ラグーン

バワが最初に手がけたリゾートホテル

　ここの目玉はなんといっても敷地の真ん中につくられた100mもある長ーいプール。朝日が昇る時間の凪いだニゴンボのラグーンと見くらべてみてください。大きなプールはそのラグーンの水面にとてもそっくり！　人間にとって水がもたらす癒しをとても大事な要素と考えていたバワ、どの部屋からもプールやラグーンが見えるように設計されています。レストランとラグーンの間には大きなフランジパニの木が。その下にイスが置いてあるのは、そこに座って景色をながめてほしいという想いからです。

❶東西に伸びる直線が美しい100mプール ❷ホテルの庭から見えるやわらかなニゴンボラグーンの水面 ❸窓の外は360度緑に囲まれたバワスイートのベッドルーム ❹朝食は庭に面したダイニングで ❺バワスイートはほかの客室から独立してつくられている

- ⊕ Pamunugama Rd, Thalahena, Negombo
- ☎ 031-223-3777　URL jetwinghotels.com/jetwinglagoon/
- Jetwing Lagoon　@jetwinglagoon
- 全55室　一室US$226〜、朝食別　MAP P166 A-1

Paradise Road The Gallery Cafe
パラダイス・ロード・ザ・ギャラリー・カフェ

数々の名作が生まれた場所

バワが病に倒れるまでオフィスとして使われていたのがこの場所でした。アートを愛するバワは、建物の一部を常にギャラリーとして使うことを前提に、人気雑貨店パラダイス・ロードのオーナー・シャンスさんに譲ったのです。バワの世界観に自らもクリエーター、アート収集家でもあるシャンスさんのセンスが加わり、今では大人気のカフェとなりました。コロンボの都会のなかにあってもゆったりとした時間が流れています。オフィスが見渡せる場所につくったバワのデスクは、現在ケーキのディスプレイ台となっています。

❶元バワのデスクのケーキ台、一番人気はメレンゲレモンタルト ❷別世界へと誘ってくれるエントランス ❸カフェオリジナルのテーブルクロスのバティックはすべて手染め ❹スリランカ人アーティスト、チャミラ・ガマゲの作品 ❺バワの友人でもあったオーナーのシャンスさん

⌂ 2 Alfred House Rd, Colombo 3
☎ 011-258-2162 / 011-255-6563
URL paradiseroad.lk/restaurants/paradise-road-the-gallery-cafe/
Ⓕ Paradise Road The Gallery Café Ⓘ @paradiseroad_srilanka
⌚ 10:00〜24:00 ㊡無休 MAP P162 C-2

Ceylon Tea
セイロンティーの歴史と魅力

世界でも有数な紅茶の産地であるスリランカ。
紅茶づくりに恵まれた気候のもと、時代を超えてたくさんの人の手によって良質な紅茶がつくりだされています。

威勢のよいタミル人の女性たち

紅茶栽培のはじまり

　イギリスの植民地だったスリランカ(旧国名：セイロン)。イギリスの入植者たちにより、コーヒー栽培が盛んに行われていました。しかし1860年代に「さび病菌」が蔓延し、次第にコーヒー農園はすたれていきました。そしてそのかわりにはじまったのが紅茶栽培。イギリスはすでに植民地だったインドで紅茶栽培を成功させていたので、スリランカでも紅茶栽培をはじめたのです。その時に働き手として多くのタミル人をインドから連れてきました。今でも紅茶産業に携わる人にタミル人が多いのはそのためです。

　セイロンティーの父と言われるジェームス・テイラーがスコットランドからコーヒー栽培のために訪れたのもその頃。彼もまたさび病菌のためにコーヒー栽培を断念し、紅茶栽培にのり出しました。紅茶栽培において湿度はとても重要な要素、スリランカの気候は紅茶栽培にとても適していたのでした。テイラーは栽培法、加工法の研究を幾度も重ね、加工するための機械も生み出したのです。彼のつくる紅茶は紅茶市場で高い評価を受け、次第に彼の手法が広まっていきました。そうしてセイロンティーの名は、良質な紅茶の代名詞として世界に広まっていったのです。

　2023年、小さな島国ながらスリランカの紅茶の生産量は世界第4位です。

バラエティ豊かな紅茶

　スリランカの紅茶の風味は生産地の標高によって変わります。ローグロウン(標高610m以下)の産地はルフナ(Rufuna)とサバラガムワ(Sabaragamuwa)。どっしりとした味わいですが渋みは少なく、ミルクや砂糖、ショウガを入れて飲むのにおすすめです。

　ミディアムグロウン(標高610～1220m)の代表産地はキャンディ(Kandy)。渋みが少なくやさしい味わいで茶葉をブレンドする時にもよく使われます。日本人がいちばん慣れ親しんでいる味かもしれません。

　ハイグロウン(標高1220m以上)の産地は4つあります。ひとつがディンブラ(Dimbula)、深いルビー色でフルーティな香りと清涼感を感じます。ウダ・プッセラワ(Uda Pussellawa)はハイグロウンの産地の特徴を少しずつ持った茶葉。特に有名な産地はウバ(Uva)と最も標高の高いヌワラエリヤ(Nuwaraeliya)です。ウバは世界三大銘茶のひとつに数えられるほど評価の高い紅茶です。乾燥したモンスーンの風がよい風味をもたらしてくれるのだとか。そしてヌワラ・エリヤの特徴は黄金色で繊細な香り、際立つ清涼感です。旬の1～3月に取れる紅茶はさらに高貴な香りがするそうです。

　産地はもちろんのこと、製造過程によって風味、味わい方も変わっていきます。奥が深すぎて一瞬気が遠くなりますが、ライフスタイルやフードとのマリアージュなど自分らしい楽しみ方で、セイロンティーの世界に足を踏み入れてみませんか。

茶葉も鮮度がいのち

女性たちの摘む速さは職人技

＼ 紅茶工場へ行ってみよう ／
ティー・ファクトリー

ふだん何気なく飲んでいる紅茶ですが、たくさんの工程、人びとの手を経て私たちのもとへやってきます。ピュアセイロンティーの製造過程には紅茶を愛する人びとの知恵がぎゅっと詰まっています。

緑の茶葉がセイロンティーになるまで

① 茶摘み Picking

茶摘みは大変な力仕事です。頭からカゴをトげ、ベテランの人は1日20kgもの茶葉を摘み取ります。穂先の「1芯2葉」、もしくは「1芯3葉」だけを傷つけないように摘み取っていきます。機械にはできない繊細な仕事です。広大な敷地を毎日移動しながら摘み取っていきます。

持っている木の棒で範囲を決めて作業する

② 計量 Weighing

10kgの紅茶をつくるには40kgの茶葉が必要！

穂先の一番上の葉とその下2枚、または3枚のみを摘むのが「1芯2葉」「1芯3葉」

摘み取った茶葉を現場監督のもとに集め計量します。そして新鮮なうちに加工工場へ。

③ 萎凋（いちょう） Withering

室内に置いた萎凋槽に茶葉をひろげ、生葉の水分が半分ほどになるまで人工的に風を送って乾かします。8〜10時間ほどの過程で、茶葉の香りや感触で加工の進み具合を判断します。

茶葉の手触りから水分量を判断しつつ均一に乾くようかき混ぜる

機械で風を送り乾き具合を調整する

④ 揉捻（じゅうねん） Rolling

機械で揉み込みながら、葉の細胞組織を壊し、葉のなかの酸化酵素を空気（酸素）と触れさせます。そうすることで酸化酵素が活性化し、紅茶のコクや香り、味が生まれます。

工業化によって生産性が抜群に上がった

⑤ 発酵 Fermentating

揉捻でかたまりになった茶葉をほぐし、温度と湿度を管理された場所で、厚さ4〜5cmに積み上げ数時間放置します。この段階で茶葉が発酵して完全に茶色い色へと変化します。発酵の止め具合は長年の経験、知識を要する重要な過程です。

機械には任せられない職人技を要する過程

⑥乾燥 Firing

酸化酵素の活性化（発酵）を止めるために、まだ半分ほど残っている茶葉の水分を3～4%まで乾燥させます。葉はちぢみ、さらに濃い色へと変化します。

収穫期のハイシーズンには機械はフル稼働

⑦グレーディング Grading

品質のグレード分けをするのではなく、不純物を取り除き、形状、サイズ別に分ける工程。茶葉の大きさによって淹れる際の蒸らし時間が変わるからです。主流となっている葉をカットして製茶する方法の場合、大きい方からペコー（Pekoe）、ブロークンオレンジペコー（BOP）、ブロークオレンジペコーファニングス（BOPF）、ダスト（Dust）に分類されます。

振動し続ける機械に異なる網目のふるいを順番に設置する

〰〰〰〰〰〰〰〰〰〰 おすすめのティー・ファクトリー 〰〰〰〰〰〰〰〰〰〰

Damro Labookellie Tea Factory
ダムロ・ラブケリー・ティー・ファクトリー

茶畑のなかに建つ歴史ある紅茶工場

スリランカ国内で最も長い歴史を持つ紅茶工場がここ。以前はマックウッズという社名でしたが現在ダムロとその名を変えています。工場の外観は歴史を感じますが工場のなかは近代的。英語で行われる説明もていねいです。見学の後はカフェテリアで無料の紅茶の試飲が楽しめます。有料ですが、素朴なチョコレートケーキも人気の一品です。茶畑をながめながら楽しめるテラス席が私のおすすめ。併設のショップでは日常的に飲むものから、穂先の先端しか茶葉にしないシルバーチップ、ゴールドチップという高級品までそろっています。

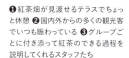

❶紅茶畑が見渡せるテラスでちょっと休憩 ❷国内外からの多くの観光客でいつも賑わっている ❸グループごとに付き添って紅茶のできる過程を説明してくれるスタッフたち

🏠 Labookellie Estate, Labukellie
☎ 052-223-6125
🌐 damrotealounge.com/
🕐 8:30～17:30　無休　入場料 無料
MAP 📍 P165 B-1

Pedro Tea Factory
ペドロ・ティー・ファクトリー

午後の紅茶がつくられる工場

1885年につくられた紅茶工場で、ヌワラ・エリヤの街にも近い場所にあります。私たち日本人にはなじみ深いキリンの午後の紅茶はここで加工された茶葉が使われています。また茶園限定のLover's Leapという香り高い人気の銘柄もここの工場で加工されています。茶摘み体験はRs1000。

🏠 Nuwara Eliya　☎ 052-222-4269
🕐 8:00～17:00　無休　入場料 Rs500　MAP 📍 P165 B-2

工場見学の際にはお昼休憩の時間に注意して

❶茶葉の色を見るために照明は常に均一に設定されている　❷テイスティングは神経を研ぎ澄ませて少量の紅茶を口に含む　❸「紅茶は私の人生に欠かせないもの」と語るアニルさん

スリランカが世界に誇るティーテイスター

五感で紅茶を味わう

　アニル・クックさんは世界的に有名なティーテイスター、紅茶の鑑定人です。五感をフルに使い紅茶のできを鑑定、その評価はティーオークションの落札価格に直結するとても重要な役割を担っています。「何も考えずに楽しむ。それもまた素晴らしいのですが、いつもより少し心を落ち着かせて紅茶の色、香り、そして最初のひと口を味わってみてください。そして自分の心に問いかけて。これは何の香り？　何の味がする？　自分なりの言葉でセイロンティーを表現してみてください。マリアージュを考えてみるのも楽しいですよ!」

紅茶の飲みかた今むかし

気軽に紅茶を楽しもう!

　スリランカのミルクティー、キリテーは、ダストという加工の過程で最後に残る茶葉を使います。専用のジャグに、味が薄まらないよう牛乳ではなくミルクパウダーと多めの砂糖、茶葉そして熱湯を注ぎ、カタカタカタ！と盛大な音を出しながら混ぜたらできあがり。一日に何度かあるティータイムにはキリテーやおろしショウガとこれまた多めの砂糖を使ったジンジャーティーで一息つくのがスリランカ流。ですが、若い人の間では健康志向もあって紅茶離れが進む傾向も。そんななか、大手紅茶会社ディルマー（Dilmah）はt-laungeという紅茶専門のカフェで新しい紅茶の飲みかたを提案してきました。そして2024年には日本でも人気のバシラー・ティー（BasilurTea）が、コロンボのワン・ゴール・フェイス・モールに紅茶カフェをオープン。クラシックな飲みかたからアレンジが楽しいカクテルティーまで、バラエティー豊かな紅茶の魅力を伝えてくれます。

 Basilur Lounge バシラー・ラウンジ

❶お土産が買えるショップも併設
❷マカロンやケーキなどスイーツも充実している

📍 No18. Lv2,One Galle Face, Colombo 2　☎ 011-212-1196
🔗 lk.basilurtea.com/
📷 @basilurlounge
🕐 10:00～22:00　休 無休
MAP 📍 P160 A-1

紅茶にまつわるおススメあれこれ

おススメ紅茶SHOP
Sri Lanka Tea Board
スリランカ紅茶局

各メーカーの紅茶が割引価格で

　国営なので華やかさはないですが、各メーカーの紅茶がほかより少し安く購入できます。バラマキ系に使えるものもあれば高級な紅茶も。コロンボの中心地にあるので最終日の買いものにも便利です。

❶シンプルな外観なので見のがさないよう気をつけて ❷取っておきたくなる缶に入った紅茶「TEA BOOK」。ミニサイズもある

⊕ 574 Galle Rd, Colombo 3
☎ 011-258-7814　URL pureceylontea.com/
⊕ 8:30～16:15　⊕ 日曜　MAP ♥ P162 C-1

おススメ休憩スポット
Mlesna tea castle St.Clair
ムレスナ・ティー・キャッスル・セントクレア

紅茶会社のドライブイン

　大手紅茶会社ムレスナ・ティーが経営するドライブイン。レストランも併設していてトイレもキレイなのでドライブ中の立ち寄りに便利。晴れた日のテラス席からは茶畑が見渡せます。

⊕ Devon Falls, Nuwara Eliya
☎ 051-224-4028　⊕ 8:30～18:00　⊕ 無休
MAP ♥ P165 B-1

❸イギリスのお城をモチーフにした外観
❹食事やムレスナ・ティーが楽しめるレストラン

おススメ展望スポット
紅茶畑を見渡せるポイント

　ヌワラエリヤからタワラカレをつなぐ道からは山の斜面に広がる雄大な紅茶畑が望めます。運がよければそのなかを走る青い列車をみることができるかも！ 深い緑と青い列車、コントラストがキレイ。また途中にセントクレア滝(St.Clair Falls)を見渡せる展望スポットがあります。澄んだ空気を思いっきり吸いこんで！

❺列車は紅茶畑すれすれを走っていく ❻ハットンーヌワラエリヤ間には滝が多い。紅茶畑の向こうにセントクレア滝

紅茶畑でぜいたくステイ

高原に広がる紅茶畑のなかに滞在するのもスリランカならではの楽しみ。
優雅な気分に浸れるおススメホテルを紹介します。

CEYLON TEA TRAILS
セイロン・ティー・トレイルズ

執事があなたのために尽くします

　大手紅茶会社ディルマー（Dilmah）の持つ茶畑のなかに、趣きの異なった5つのヴィラが点在しています。各ヴィラにはそれぞれ執事とシェフがいて、起床時には目覚めのアーリーティーをベッドまで届けてくれ、食事はゲストの要望に合わせて好きな時間に好きなものをつくってもらえます。茶園主になった気分でステイを楽しんでください。料金プランはすべてオールインクルーシブ。ステイしているヴィラでの食事、お酒はもちろんのこと、ほかのヴィラでの食事やハイティーもプラン料金に含まれています。ていねいに手入れされたイギリス庭園や静かに燃える暖炉が、上質なひとときを演出してくれます。

❶ここのスコーンは絶品！クロテッドクリームとともに ❷かつての農園主の邸宅を改装している ❸煙突からは暖炉の煙がたなびく ❹イギリス式庭園にはいつも花が咲きこぼれている ❺紅茶畑に囲まれた静かな環境で深呼吸

Dunkeld Estate, Hatton　☎ 011-774-5774-5430
URL http://resplendentceylon.com/teatrails/
Ceylon Tea Trails　@ceylonteatrails
全27室（5バンガロー）　一室2名利用2泊 US$1364〜（最低2泊から。オールインクルーシブ［ランドリーサービス、ティーファクトリーツアー含む］）
MAP P165 B-2

❶あたたかいシャワーも完備されている客室 ❷各客室は斜面に点在しているためプライベート感あふれる ❸日差しが強くなる日中はプールでリフレッシュ ❹客室にはマドゥルケレのリーフティーが常備 ❺朝食のプレゼンテーションも楽しい！

Madulkelle Tea and Eco Lodge
マドゥルケレ・ティー・アンド・エコロッジ

茶畑の真ん中で理想のグランピング

　すべての客室が茶畑のなかに点在するテントタイプのロッジ。テントといっても、南国のスコールにもびくともしないしっかりとしたつくりなので、安心して自然に溶け込めます。空をさえぎるものがなく、朝昼晩と色を変えていく大きな空の下、ゆったりと時間を過ごしてほしいホテルです。オーナーは美食の国のフランス人、茶畑を吹き抜ける風を浴びながらメインダイニングでこだわりの食事がいただけます。茶畑で働く人たちの家を訪ねるツアーやスリランカ料理教室など、スリランカの文化を体験できるアクティビティも充実しています。

Madulkelle - Habaragala Road, Kandy　081-380-1052
URL madulkelle.co　Madulkelle Tea and Eco Lodge
@madulkelleteaandecolodge　全19室
一室US＄350〜、朝食つき　MAP P165 A-1

Adventure / Culture / Ayurveda / Beach / Colombo / GOHAN

063

❶美しい景色に出会える早朝の茶園散歩は人気のアクティビティ ❷ティーポット型容器に入ったアメニティたち ❸3室しかないプレミアルームは二番目に手頃な客室なのに景色が最高 ❹間近で工程が見られるのでわかりやすい ❺紅茶工場の時代から働きつづけるエレベーター ❻サリーを身にまとっての茶摘み体験が可能。男性用衣装もある

Heritance Tea Factory
ヘリタンス・ティー・ファクトリー

ホテル全体が紅茶アトラクション

　1929年に廃業した紅茶工場がリノベートされ生まれた四ツ星ホテル。建物に一歩足を踏み入れると、ふわっと紅茶の香りがお出迎え。紅茶工場の時の柱は緑色、後から手を加えたものは赤い柱で塗られいるので以前の姿を想像するのも楽しみのひとつです。手動のエレベーターは今も現役！　敷地内のミニファクトリーではミニチュア、でも本物の機械で、わかりやすく紅茶がつくられる過程を教えてくれます。部屋にはオーガニックの茶葉が用意され、バスルームのアメニティもティーポット型容器入り、とにかく紅茶づくし。レトロな雰囲気と穏やかな自然を心ゆくまで楽しんでください。

Kandapola, Nuwara Eliya
☎ 052-555-5000
URL heritancehotels.com/teafactory/
Heritance Tea Factory
@heritanceteafactory
全50室　一室US$193〜、朝食別
MAP P165 B-2

🛏 AMBA Estate アンバ・エステイト

新しい紅茶栽培をリードする茶園

　量より質で世界と勝負する、これまでになかった取り組みで注目を集める茶園です。茶葉加工の工程もすべて手作業。唯一無二の紅茶は世界的に有名な紅茶専門店からも切望されるほど。もちろん敷地内のカフェでティーテイスティングが体験できます。有機栽培で育てられる茶畑のなかに客室や工場があり、見学や散策もワクワクします。食事は自家農園で採れた果物や野菜でテーブルがいっぱいに。豊かな自然と真摯な紅茶づくりに触れて、心と身体が元気になる特別なステイです。

- 🌐 Ambadandegama, Ella
- ☎ 077-999-1353
- URL ambaestate.com
- f AMBA Estate
- 📷 @ambaestate
- 🛏 全15室
- 💴 一室 US＄45〜、朝食つき
- MAP 📍P165 B-2

❶木もれ日が差し込む客室 ❷ティーマイスターによるテイスティングで知識欲が増す ❸自家農園のオーガニック野菜でつくられる食事 ❹人間にしかできない繊細な感覚で作られる紅茶 ❺働きたい人が200人待ちという異例の茶園

Adventure / Culture / Ayurveda / Beach / Colombo / GOHAN

The Grand Hotel Nuwara Eliya
ザ・グランドホテル・ヌワラ・エリヤ

歴史と物語を紡ぐ英国式ホテル

イギリス植民地時代の1820年、5代目総督エドワーズ・バーンズ卿が大好きなこの地に自身の別荘を建築しました。1891年にその姿をホテルに変え、エリザベス女王や昭和天皇を含む多くの要人を迎えています。ていねいに手入れされた床や手すりなど内装は今も昔のまま。来し方を思いため息がもれます。無料の見学ツアーに参加すればさらに驚きと発見が得られるでしょう。イングリッシュガーデンではアフタヌーンティーも。

5 Grand Hotel Rd, Nuwara Eliya, 052-222-2883
thegrandhotelnuwaraeliya.com/
The Grand Hotel Nuwara Eliya-Heritage Grand
@grandhotelnuwaraeliya 全154室
一室US＄230〜、朝食つき MAP P165 B-2

❶バーンズホールと名づけられた天井のアンティークガラスは必見 ❷家具やフローリングにあたたかみを感じる客室 ❸常に手入れされた庭がエントランスに広がる

Grand Indian
グランド・インディアン

老舗ホテル経営のインドレストラン

ヌワラ・エリヤはインドがルーツのタミル人が多く、インド料理がおいしいことで有名です。なかでもグランドホテルが経営するこのレストランのマトンビリヤニは香り高く、スリランカ料理とは違ったスパイス使いが堪能できます。

5 Grand Hotel Rd, Nuwara Eliya, 052-222-2881
thegrandhotelnuwaraeliya.com/
The Grand Hotel Nuwara Eliya-Heritage Grand
@grandhotelnuwaraeliya 12:00〜15:30、19:00〜22:30 無休 MAP P165 B-2

❺マトンビリヤニ Rs.4500は2人でシェアできる量 ❻ラグジュアリーな店内。夜にはストーブがつくテラス席もロマンチック

紅茶畑から足をのばして

**高原地帯の魅力は茶畑だけじゃない!
豊かな自然や大地の恵みを感じられるスポットをご紹介**

❶開園する頃、途中の山道では雲海が望める ❷ミニ・ワールズ・エンド、ここまで来たらワールズ・エンドはもうすぐ!

☎ 011-242-6900　⊙ 6:00〜16:00　無休　入場料 大人US$25、子どもUS$15（そのほかサービスチャージ、税、車両入場料等）　MAP 📍P165 B-2

Horton Plains & World's End
ホートン・プレインズ国立公園＆ワールズ・エンド

断崖絶壁の「世界の果て」

標高2000ｍに位置するユネスコ自然遺産のこの公園、早朝には霞がかった幻想的な風景が広がります。公園内にある10kmのトレッキングコースは所要3〜4時間程度、途中にある深さ1000ｍの絶壁ワールズ・エンドがハイライトです。柵もなく、のぞき込むとほぼ垂直に切り立った崖、思わず足がすくんでしまいますが、自然の雄大さに感動をおぼえます。

> **Horton Plains Information**
>
> トイレはチケット売り場、公園内の駐車場近く、ミニ・ワールズ・エンドのそばにあります。売店は駐車場に一軒のみ。公園内は環境保護のためビニール製品の持ち込み不可、チェックポイントで紙袋に入れ替えてくれますが、なるべく持たずに出かけましょう。

Appachchige Tea Kade
アッパッチゲ・ティー・カデ

知る人ぞ知る峠の茶屋

ヌワラ・エリヤとキャンディの間にあるお客がひっきりなしの店です。みんなのお目当ては焼きたてココナツロティと、ジャガリー（ヤシ糖）つきのおいしい紅茶。焼きたてロティに、ここが名産地でもある絶品キトゥルハニー（ヤシ蜜）をつけて食べるのが私のお気に入りです。

❸焼きたてロティは一枚Rs.80。スリランカでは食べた分だけ払うシステム ❹水もきれいなことで有名な峠

📍 62 Minidupura, Katukithula,
☎ 078-230-5028
⊙ 6:00〜22:00　無休
MAP 📍P165 B-1

ゴールの代名詞、ライトハウス

ゴールの街

要塞に囲まれた異国情緒あふれる街を気ままに散歩。
植民地時代の風情を残す建物のなかには
おしゃれなカフェや雑貨やアートが。
知的好奇心を刺激する街です。

Galle

❶ クラシックカーが旧市街にはとても似合う
❷ 通りのサインボードにはオランダ様式が見てとれる
❸ 仏教寺院よりもモスクや教会が多いゴールの街

時代を超えて
人びとを魅了しつづける街

　ゴールはスリランカ南部最大の街。白く輝く灯台や、夕日がキレイな街としても有名です。新市街と城壁に囲まれた旧市街に分かれていて、新市街には駅や商店街、フィッシュマーケットなど生活に根づいたものが、旧市街にはツーリストが訪れたい見どころが集まっています。旧市街は歩いてまわるのにちょうどよい大きさで、自分たちの足で自由に動けるのも魅力です。

　ゴールはかつて海外貿易の拠点となっていた街でした。中世における東方貿易では多くのアラビ

ぐるりと城壁に沿って散歩ができるゴールの街

ア商人たちが行き来し、その後ポルトガル、オランダ、イギリスによって統治されていきます。旧市街を囲む城壁は、その植民地化の過程で築かれました。旧市街はユネスコ世界遺産に登録されており、歴史を感じられるおもかげがそこかしこに。コロニアル様式が取り入れられた歴史的建造物が現役で使われていたり、ふとした通り名を示すサインボードにヨーロッパの香りがしたり、バーガーと呼ばれるヨーロッパの血をひく瞳の人に出会ったり。ぎゅっと小さな街のなかに今までゴールがたどってきた大きな歴史の流れを感じます。

さらにゴールの街を魅力的にしているのは、クリエイターやアーティストたち。さまざまな文化が入り混じり、調和しているゴールの街に魅せられ住みつく人も多いのです。コロニアル様式の建物を修復してギャラリーを開く人もいれば、個性的なショップやカフェを経営する人も。「古きよき」と「新しい」が融合している街、それがゴールです。

住民たちはゴールの景観を守りながら暮らしています。その努力もまた訪れる人を引きつけてやまない理由のひとつです。

街中にあるギャラリー。ゴールの人たちは文学やアートへの関心が高い

Karma Collection
カルマ・コレクション

南国の色彩＆雑貨に心がはずむ

オーナーはコロンボファッションウィークにも参加するスリランカ人デザイナー。人気商品であるキモノガウンは、ビーチに連れていきたくなる南国らしい色彩です。さまざまな文化が行きかってきたゴールフォートが彼のインスピレーションのひとつにもなっているそう。コレクション用にデザインされた一点ものの洋服やスリランカメイドの生活雑貨、インドから仕入れてきた雑貨などが所狭しと並んだ店内は宝探しをするような気分です。ウナワトゥナ、ミリッサにも支店があります。

🏠 53 Leyn Baan St, Galle Fort
☎ 091-222-3321　URL karmacollection.lk/
Ⓕ Karma Collection
Ⓘ @Karma_collection_sri_lanka
🕘 9:00〜21:00　無休
MAP 📍P167 B-2

❶ショーに登場したコレクションも並ぶ ❷メンズラインの柄シャツも ❸エントランスに飾られた人気のキモノガウン ❹インドから仕入れた雑貨も販売している

❶数人のお針子さんが常駐している ❷お直しにかかる時間は調整部分による ❸店内の服はほぼすべて一点もの

The Old Railway
ジ・オールド・レイルウェイ

大切に縫われたドレスたち

　店内にあるたくさんの型紙は、ものづくりに真摯なデザイナー、キャサリンさんのポリシー「デザインから縫製まですべて自分たちで仕上げる」を物語っています。ふんわり軽やかなデザインは旅に色を添えてくれそうです。店内に工房があるので、サイズ調整もその場でお願いできます。

🏠 42 Havelock Rd, Galle　☎ 077-880-9990　🌐 theoldrailwayshop.com/
📷 @theoldrailway　🕐 10:00〜18:00　🗓 日曜　MAP 📍P167 B-2

Stick No Bills
スティック・ノー・ビルズ

古きよきセイロンをイラストで

　セイロン島と呼ばれていた時代のポスターの復刻版が買える店。心にささるデザインは時代を軽々と超えてしまいます。ポストカードサイズもあるので、ホテルに持ち帰ってエアメールを送ってみるのはいかがでしょう。ポスターは折れ曲がらないよう専用の筒に入れてもらえます。

🏠 63 Pedlar St, Galle Fort　☎ 077-716-0068
🌐 sticknobillsonline.com/　📷 @sticknobillsposters
🕐 10:00〜19:30　🗓 無休　MAP 📍P167 B-2

❹旅をイメージしたワクワクするディスプレイ ❺ゴールの風景にマッチするデザインポスター ❻ゴールフォート内に支店もあるが点数が多いのはこちらの本店

ELITA RESTAURANT
エリータ・レストラン

❶炒めたエビをマンゴードレッシングで和えた一品 ❷人気メニュー鯛のライムクリームソース。Sサイズ Rs4550〜 ❸陽気な南国の雰囲気あふれる店内 ❹屋根の上の魚が目印 ❺シェフの目利きで仕入れた魚が並ぶ

インド洋のシーフードに舌つづみ

　毎朝、地元の漁師から直接仕入れる新鮮な魚介たちが店内のショーケースに並べられます。実際に魚を見ながらスタッフに調理法を相談してみましょう。スリランカスタイルのスパイシーな味つけ、13年間ベルギーでフレンチを学んだシェフオリジナルのソースでいただくウエスタンスタイル、どちらもおすすめ！　絶妙のタイミングでふっくらグリルされたシーフードは、ペロリとお腹におさまってしまいます。実は築地にも送られる高品質のスリランカ産マグロ、仕入れがあった日はカルパッチョ、またはツナステーキでも楽しめます。

❶

❷

❸

❹

❺

🏠 34 Middle St, Galle Fort
☎ 077-242-3442　🕚 11:00〜22:00
㊡ポヤデー　英語メニュー◎
MAP 📍P167 B-2

Aqua Pizza
アクア・ピッツァ

路地裏の実力派ピッツェリア

新鮮なトッピングをのせ石窯で手早く焼き上げられるナポリピザは、耳までモチモチで子どもから大人まで大人気！それもそのはず、国内に三店舗あるこのピッツェリアでは、イタリア人のヘッドシェフが腕をふるっています。テラス席でゴールの古きよき通りをながめながら、ピザと一緒にワインなどのお酒も楽しめます。

⊕ 56 Leyn Baan St, Galle Fort　☎ 076-280-4769
URL aquapizzeria.com　AQUA Pizza　@aqua.pizza
⊕ 12:00〜22:00　不定休　MAP P167 B-2

❶ シンプルなだけに実力がわかるマルゲリータ Rs2200
❷ 薪で高温に保たれた石窯で手際よく焼いていく

Isle of Gelato
アイル・オブ・ジェラート

天然素材にこだわったジェラート

新鮮なスリランカの食材を使うことにこだわったジェラテリアです。塩づくりで有名なプッサラの塩を使った「プッサラ・シーソルト・キャラメル」は2019年にイタリアで行われた世界大会で優勝した人気のフレーバーです。スリランカらしくヴィーガンメニューもそろっています。

❸ 日差しが強いゴール。散策の途中はジェラートでひと休み ❹ どのメニューも魅力的！テイスティングも可能 ❺ ジェラートと一緒にコーヒーも楽しめる。手前が人気のプッサラ・シーソルト・キャラメル Rs950

⊕ 60A Pedlar St, Galle Fort
☎ 011-762-5672　Isle of Gelato　@isleofgelato
⊕ 10:00〜22:00　不定休　MAP P167 B-2
◎コロンボ、ウェリガマ、エッラ、アルガンベイに支店あり

❶ライトアップされた中庭 ❷ダッチ様式の特徴であるポーチがメインダイニングに ❸ゆったりと過ごせるシンプルな客室 ❹人気のバーは立ち寄りも大歓迎 ❺人気メニューのひとつ、スリランカカレーセット

Fort Bazaar
フォート・バザール

17世紀の商人のタウンハウス

　エントランスを入ると、外からは想像できないダッチスタイルの特徴的な中庭が広がります。歴史的な建物にモダンな内装、「古きよき」と「今」がぜいたくにマッチした歴史的価値の高いホテルです。日が暮れるとライトが灯されとてもロマンチック。オリジナルカクテルを中庭でゆったりと楽しめます。食事は石畳の通りに面したテラス席で、アイデアいっぱいのフュージョン料理がいただけます。宿泊ゲストにはゴールの街の無料ヘリテージツアーがついているのもうれしいおもてなしです。

🏠 26 Church St, Galle Fort　☎ 077-363-8381
🔗 teardrop-hotels.com/fort-bazaar
📘 Fort Bazaar　📷 @teardrop_hotel
🛏 全18室　💰 一室 US＄276〜、朝食つき
MAP 📍P167 B-2

❶ Bartizanとは張り出し櫓のこと、中世の城にも使われている建築様式 ❷ 別棟のプライベート・タワールーム ❸ ホテルになる前はオーナー家族の邸宅だった ❹ 絶対のおすすめ、ファミリースイートルーム。朝食はぜひ海が見える窓際で ❺ 朝ごはんは前夜にウェスタンかスリランカンか希望を伝えて

 # THE BARTIZAN
ザ・バーティザン

海辺にたつヘリテージホテル

　17世紀初頭につくられたオランダ式建築をヴィラに改装したブティックホテル。テラスにはホテル名にもなっている当時の名残の小塔（Bartizan）が今も健在です。城壁のすぐそばにあり、ゴールの街散策はもちろん、朝、夕と表情を変えていくゴールの海と空を間近に見渡すことができます。10室のなかには細い階段を登っていくまるで隠れ家のような部屋もあって、タイムスリップしたような気持ちに。朝食はぜひ各部屋の前にあるテラスで海と行きかう人びとをながめながらゆったりとって、旅のエネルギーをチャージしてください。

⊕ 77 Pedlar St, Galle Fort
☎ 091-223-2020
URL thebartizan.com/
ⓕ The Bartizan Galle Fort
ⓘ the_bartizan
🛏 全10室
¥ 一室 US$134〜、朝食つき
MAP 📍P167 B-2

スリランカの
伝統工芸作家たち

受け継がれるスリランカの手仕事

　古代シンハラ王朝に献上品として捧げるため、ドゥンバラ織と漆工芸ラクシャはスリランカの伝統工芸として発展しました。仏教にまつわる神話やスリランカの自然をモチーフとしたデザインは、緻密で繊細な手仕事のもとに生み出されます。機械とは違うあたたかみのある手触りは手仕事ならでは。ですが現在若い担い手が少なく、歴史あるスリランカの工芸が廃れつつあります。そんな流れを断ち切ろうと、現代の生活にも合うような作品をつくるべく職人たちがたくさんのアイデアを出し合いながら頑張っています。

ドゥンバラ織
❶現代の生活にもなじむクッションカバー ❷織り方は先代の技術を見て覚える ❸ドゥンバラ織を継承して七世代目のソマワンさん

◎購入できるショップ
Barefoot (P.125)

ラクシャ
❹半年以上をかけてつくりあげられた国際大会への出品作品 ❺何層にも重ねた色の違う漆を、深さを変えながら彫ることで絵柄をつくりだす ❻ハブヴィダという村で出会った漆職人サンジーワさん

Lakpahana ラクパハナ
⊕ 14 Reid Ave, Colombo 7
☎ 011-269-8211　URL Lakpahana.lk
Lakpahana　@lakpahana
9:30〜18:30　無休
MAP P163 B-3

Ayurveda
in Sri Lanka

❶マッサージに使われるハーブボール。ハーブは症状に合わせて調合する ❷アーユルヴェーダ薬局に並ぶ生薬 ❸シーロダーラに使われるオイル容器。脳のマッサージといわれ、とても繊細な治療だ ❹ドクターは問診でも脈、皮膚、舌、声など含め、多岐にわたって細かく患者を診察する

心と身体が幸せになる哲学

　アーユルヴェーダのルーツは5000年前のインドにまでさかのぼります。語源は「よりよく生きるための知恵」。そのための先人たちの知恵がぎゅっと詰まった「伝統医学」です。アーユルヴェーダはその治療部分だけをさすのではなく、どのように日々を送り、どんな食材を摂取するのか、などライフスタイル全般にわたる教えであり、「健康＝幸せに生きる」ための哲学といえます。

　スリランカにも、もともと独自の伝統医療がありました。そこにインドから仏教ともにアーユルヴェーダが伝わり、融合したのが現在のスリランカ・アーユルヴェーダです。スリランカは小さな島国ながら土壌が豊かで、多くの食べものや薬草に恵まれています。大地の力を治療に使う独自のアーユルヴェーダがスリランカで育まれたのです。

Adventure / Culture / **Ayurveda** / Beach / Colombo / GOHAN

受け継がれる伝統
アーユルヴェーダ

Ayurveda in Sri Lanka

スリランカの大地の力を借りた上質なオイルのトリートメント

アーユルヴェーダの基礎知識

ハーブはつぶす、煮出す、など用途によって使いわける

アーユルヴェーダの考えかた

　人間の身体のなかには、「ヴァータ/Vata」「ピッタ/Pitta」「カッパ/Kapha」という3つのドーシャ（生命エネルギー／体質）が存在していると考えます。そのバランスは生まれつき決まっていて、生涯変わることはないそうです。このなかで一番多くを占めるものがその人のドーシャです。体調が悪くなるのは、そのバランスが崩れた時。それぞれのドーシャの元のバランスを目指し、治療を決定します。

治療の流れ

　最初に必ずドクターの診察があります。脈、血圧などのチェックと細かな問診で、まずは身体のドーシャのバランスを診ます。特に改善したい点を伝えれば、よりその問題に働きかけてくれるような投薬、治療を提案してくれるでしょう。

　最初の数日は毒素の排出を目的とし、積極的な治療は行いません。治療の効果を出すための大事な準備段階です。この期間に治療に使うオイルが身体にあっているかチェックし、リンパマッサージ、心身ともにリラックスを促すマッサージなどを施しながら、次の段階に進む時期を見極めます。人によってはこのデトックスに時間がかかる場合もあるので、ドクターとの会話、信頼関係がとても大切になります。（なので、本格的な治療を希望する場合は、通訳がいるなどしっかりと意思疎通ができる施設をおすすめします）

　そしてドーシャのバランスを元どおりにする治療へと入っていきます。その人のもつエネルギーのバランスが元に戻れば、体重も適正に、ストレスや不眠も改善されると考えられています。そして最後の数日で元に戻ったドーシャを落ち着かせるようケアしていきます。

　食事も大事な治療の一環となります。ドーシャのバランスを改善するために大地（食物）の力を借りながら、自身のドーシャにあったものを積極的に取り入れるようにします。ドクターに相談すると、食べたほうがよいもの、避けたほうがよいもの、摂取する時間帯など細かく指示をもらえます。

○ ヴァータ：風
（運動エネルギー）

痩せ型、冷え性、髪は細く乾燥しがち、食欲は気分によって変わる、社交的、せっかち、酸っぱいものが好き、疲れやすい、寝つきが悪い

○ ピッタ：火
（消化、燃焼エネルギー）

中肉中背、暑がり、髪は柔らかく白髪になりやすい、お腹が空くとイライラ、情熱的、完璧主義者、辛いものが好き、体力はあるほう、短い睡眠

○ カパ：水
（免疫エネルギー）

筋肉質、大柄、髪は黒く太い、食事を抜いても気にならない、落ち着きがある、おっとり、甘いものが好き、体力的持久力がある、よく眠る

治療にかける時間

　アーユルヴェーダの治療は本来とても時間がかかるものです。本格的な治療、効果を実感するには10〜14日間は必要と多くのドクターが言っています。ですが、そこまでの時間はとれなくても、せっかく本場に来たのだから少しだけでも体験してみたい、というのが正直な気持ち。ある程度大きなホテルのスパには、アーユルヴェーダのマッサージがメニューにあります。診察のいらないリラクゼーションのためのマッサージでもアーユルヴェーダの知恵を垣間見ることができるでしょう。長期の治療が受けられなくても、ドクターの問診は自身の身体を知るきっかけになりますし、自分にあったオイルは何か教えてもらうこともできます。ドクターの問診が希望の場合は、あらかじめアーユルヴェーダドクターが常駐しているか確認してください。

❶アーユルヴェーダの知恵が書かれた古代のヤシの葉 ❷ペースト状にしたハーブ ❸温めて患部をマッサージするハーバル・ボール

代表的なトリートメント

○ アビヤンガ
Abyanga
もっとも基本的な全身マッサージ。セラピスト2人が同じ動きをしてリンパをマッサージする。準備段階のデトックスに効果的。

○ シーロダーラ
Shirodhara
ひたいに温めたオイルをゆっくりたらす。頭痛や不眠、ストレスに効果的といわれる。繊細な治療でデトックス後の午前中に行われることが多い。

○ ナーシャ・カルマ
Nasya Karma
蒸したハーブの蒸気を鼻から吸い、筋肉をゆるめた後ハーバルオイルを点鼻する。花粉症や頭痛、眼精疲労にもよいとされる。

○ ピンダ・スウェダ
Pinda Sweda
ガーゼでハーブをくるんだハーブボールを蒸気で蒸し、オイルを塗りこんだ肌に叩きこむようにマッサージしていく。神経痛や筋肉疲労、リウマチによい。

○ ヴァシュパ・スウェダ
Vashpa Sweda
スチーム・バス。煮出したハーブの蒸気を木でできた箱型サウナのなかに充満させ寝そべる。オイルの浸透を助け、肥満解消やデトックスに効果がある。

❹アビヤンガ。毒素排出を促すマッサージ ❺中枢神経に働きかけ、代謝を促進するシーロダーラ ❻ボディマッサージを受けた後にスチームバスに入り、身体にオイルを浸透させる

🛁🛏 Barberyn Beach Ayurveda Resort
バーベリン・ビーチ・アーユルヴェーダ・リゾート

アーユルヴェーダリゾートの草分け

「アーユルヴェーダ」を世界に広めた立役者ともいえるのがここバーベリン。スリランカ国内に4つの施設を運営しています。南国の太陽や海を満喫できるリゾート施設でありながら、経験豊富なドクターがチームで常駐し、常にゲストの体調、治療方針を共有。リラクゼーションだけではない本格的な治療が受けられます。問診の際、日本語通訳が必要な場合には事前にリクエストをしましょう。食事は基本ベジタリアンですが、バラエティ豊かなビュッフェスタイルでスリランカの食文化を知るよい機会に。またアーユルヴェーダを深く学びたい人には、さまざまな受講コースが設けられています。

❶毎日調合される薬を作るファーマシー ❷しっかりと時間をかけてドクターが問診を行う ❸庭にしつらえたトリートメント場所 ❹ダイニングにもドクターが常駐し食事の内容や薬の飲み方についてアドバイスが受けられる ❺清潔に保たれたトリートメントルーム ❻客室から緑のトンネルを抜けてトリートメントルームへ

🏠 Barberyn Rd, Weligama ☎ 041-225-2994 🌐 barberynresorts.com/beach
📘 Barberyn Ayurveda Resorts 📷 @barberyn_resorts 🛏 全45室
💰 一泊1人 EUR€150〜（朝・昼・夕食、問診、トリートメント、ヨガ、日替わりプログラムなどアクティビティ含む） MAP 📍 P166 B-1

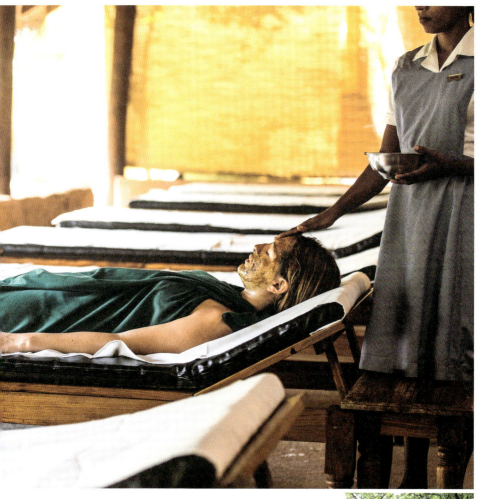

Adventure / Culture / **Ayurveda** / Beach / Colombo / GOHAN

❶ バワの好きなフランジパニが植えられたプールサイド ❷ ハーブをすりつぶす石臼は100年前につくられたもの ❸ 館内やダイニングではトリートメント前後も部屋にあるバスローブで過ごすことができる。施術時用の紙パンツは用意されていないので持参したい ❹ トリートメントルームにある半屋外のバスルームがバワらしいデザイン

💧🏨 Heritance Ayurveda
ヘリタンス・アーユルヴェーダ

バワ建築で心身ともにデトックス

　6人の医師が常駐。リゾート気分を味わいながら、種類・設備とも充実したトリートメントを受けられるアーユルヴェーダ施設です。医師の問診は2日おきに行われ、1人のゲストに4人の専属のセラピストがついて些細な変化にも細やかにケアをします。食事はそれぞれのドーシャに合ったものをビュッフェスタンドから自分でセレクト。薬は毎朝、施設内のファーマシーでゲスト別に調合されます。アクティビティはヨガや瞑想クラスなどがあり、自然と融合したバワ建築に滞在しながら、アーユルヴェーダとは、心身の健康とは何か、を学ぶきっかけを与えてくれる施設です。

📍 Moragalla, Beruwala　☎ 034-555-5000　🔗 heritancehotels.com/ayurveda/
📘 Heritance Ayurveda　📷 @heritanceayurveda　🛏 全64室
🏨 アーユルヴェーダプログラム4泊より　1人US$720〜（問診、トリートメント、朝・昼・夕食、アクティビティ含む）日本語通訳◎（事前リクエストがベター）　MAP 📍 P166 A-2

Jetwing Ayurveda Pavilions
ジェットウィング・アーユルヴェーダ・パビリオンズ

おもてなしの
プロフェッショナル

　ホスピタリティの高さで人気のジェットウィンググループが運営するアーユルヴェーダ専門ホテル。ショッピングも楽しめるニゴンボの観光地にありながら、一歩足を踏み入れると鮮やかな緑に囲まれた空間が広がります。ていねいなドクターの問診とセラピストの技術にも定評があり、リピーターを多くかかえています。食事は完全ベジタリアンですが、見た目に楽しく食感も豊かで、シェフの創意工夫にうれしくなります。ヴィラタイプの部屋なら、プライベートな中庭でトリートメントも可能。心身ともにリラックスした滞在が叶います。

❶清潔に保たれたトリートメントルーム ❷鳥のさえずりが聞こえるプール ❸薬が作られるファーマシー ❹紅茶の国のティーテイスト体験 ❺食事はゲストの体質に合わせて提供される

Porutota Rd, Ethukale Negombo　031-227-6719　jetwinghotels.com/jetwingayurvedapavilions/
Jetwing Ayurveda Pavilions　@jetwingayurvedapavilions　全24室
アーユルヴェーダプログラム3泊より1人US＄297～（問診、朝・昼・夕食、ヨガクラス、トリートメント含む）　MAP P166 A-1

Tagiru.Ayurveda Resort
タギル・アーユルヴェーダ・リゾート

あたたかいハーバルボールが心地よいマッサージ

活力あふれる
本来の自分を取り戻す

　自身の難病がスリランカアーユルヴェーダで寛解した日本人夫婦が経営する施設。西海岸のビーチが目の前に広がる施設では日本人の細やかな気配りが随所に、そして家族のようにあたたかいスタッフが、ゲストが本来の「自分」を取り戻せるようそっと寄り添います。スリランカ料理教室、地域に根づく文化体験、など学びの多いアクティビティも充実しています。滞在中のみならず帰国後もアーユルヴェーダを日々に取り入れやすいよう、さまざまなサポートイベントが無料で企画されているのも心強いです。

908 Habakkala Maha Induruwa　070-321-7562　tagiru.com
Tagiru. ayurveda　@tagiru_ayurveda_srilanka
全12室 ※2024年に新規施設完成後は全14室に　一泊1人€130〜（朝・昼・夕食、問診・トリートメント、ヨガや瞑想などの日替わりアクティビティ含む）＊オフシーズンは最低8泊からオンシーズンは10泊から受け入れ　MAP P166 A-2

❶ヤシの木陰で海風を浴びながらトリートメントが受けられる ❷ランチは開放感あふれる庭で ❸すべての部屋からインド洋が望める ❹ドクターのやさしい声に緊張もとける

❶ 落ち着いたカラーでまとめられたトリートメントルーム ❷ さまざまなアーユルヴェーダグッズがそろう併設ショップ ❸ 経験を積んだドクターによる問診

Siddhalepa Clinic
シッダレパ・クリニック

老舗が運営する立ち寄りOKの診療所

スリランカのどの家庭にも必ずあるバームやオイルなどを製造する老舗シッダレパの診療所がコロンボの中心部に。日帰りなので簡略的ではありますが、ドクターの診断も受けられます。併設ショップもあり、症状を相談すればおすすめのオイルを教えてくれます。

- No 106/4 Horton Pl, Colombo 7　☎ 011-208-2535
- URL siddhaleparesort.com/　Siddhalepa Ayurveda
- @siddhalepa_ayurveda　9:00〜21:00　無休
- フェイシャル、ボディ、スチームバスを含む半日トリートメントコース（3時間）Rs20000　MAP P163 B-4

Ayuthantra Ayurveda & Wellness
アユタントラ・アーユルヴェーダ＆ウェルネス

閑静な住宅地にある隠れ家クリニック

熱心なドクターと技術の高いセラピストがいることでリピーターを多く抱えるクリニックです。リラクゼーションメニューでもドクターの問診が10分つきますが、通院治療や投薬希望などより踏み込んだ相談にはさらに長い問診（有料／1時間Rs6000）がアレンジ可能です。

❹ 静かな住宅地にあるので心身ともにリラックスできる ❺ 1週間前の予約がベター、WhatsAppでの予約が便利 ❻ 多忙な都会人に寄り添うアーユルヴェーダ治療を提案するウダリ医師

- 16A Bodhiraja Mw, Battaramulla　☎ 077-666-5521　Ayuthantra Ayurveda & Wellness　@ayuthantra
- 9:00〜19:00　月曜休　アビヤンガ150分（スチームバス含む）Rs19500　MAP P161 C-4

Siddhalepa Ayuru Elixir

シッダレパ・アーユル・エリクシャ
←アルコール度数0のハーバルワイン。女性の悩みに特化した10種のラインナップになっています。お肌トラブルや不眠、ホルモン系など。Rs1750（Ⓐ）

Siddhalepa Balm

シッダレパ・バーム
↑スリランカではどの家庭にも必ず置いている万能バーム。筋肉痛や関節痛、かゆみ止めにも使えます。ほかにスプレータイプや携帯用ミニサイズあり。Rs1600（ⒶⒸ）

Siddhalepa Herbal Soap

シッダレパ・ハーバル・ソープ
→パッケージがかわいらしいスリランカのハーブを使った石けんです。20種類あり、効能別に選ぶことができます。Rs950（Ⓐ）

おもちかえりできるアーユルヴェーダ

アーユルヴェーダが生活に浸透しているスリランカ。スーパーや街中のファーマシーでも気軽にアーユルヴェーダグッズが購入できます。

Siddhalepa Ayur Oil

シッダレパ・アーユル・オイル
→効能別に種類豊富なマッサージオイル。症状に合わせて混ぜて使うことも可能です。知識豊かな店員さんに相談しましょう。写真はリウマチ用の組み合わせ。各種Rs950（Ⓐ）

Siddhalepa Essential Oil Set

シッダレパ・エッセンシャル・オイル・セット
↑上質なスリランカのハーブから抽出した香り高いエッセンシャルオイルのセット。ルームディフューザーにしたり、湯舟に数滴入れたりなど用途いろいろです。Rs5000（Ⓐ）

Links Herbal Tea

リンクス・ハーバル・ティー
→スリランカの伝統的な薬草を使った、ホッとするやさしい味わいのハーブティーです。緊張を和らげ、就寝前に飲めば安眠を促す効果があるそうです。Rs500（Ⓑ）

Links Harbal Oil

リンクス・ハーバル・オイル
←アーユルヴェーダオイルといえば、Linksというぐらい良質で有名なメーカーです。種類が豊富で、原材料はスリランカの天然のもののみ。30ml Rs500〜（Ⓑ）

リンクス・サマハン
↓日本でもおなじみになったハーブティー、サマハン。身体をあたためてくれる生薬配合で、スパイシーな味わいがクセになります。
Rs500（**B❍**）

Links Samahan

Siddhalepa Supirivicky

シッダレパ・スピリヴィッキー
←刺激的なスパイスで歯石、虫歯、口臭予防に効果的な生薬歯みがき粉です。あまりの刺激の強さにマイルドも発売されていました！（笑）
Rs275（**A❍**）

Links Paspanguwa

リンクス・パスパングワ
→各種生薬がブレンドされた煮出し用のハーブティーです。代謝を上げて風邪を引きにくい身体にすると言われています。Rs100（**B❍**）

BEAM Inguru&Koththamalli Tea

イングル&コッタマッリティー
↑炎症を抑え、消化を促す効果があると言われているジンジャーとコリアンダーのお茶。気持ちが落ち着かない。そんな時にも。Rs330（**❍**）

Herbal Porridge Gotukola

ハーバル・ポリッジ・ゴツコラ
←朝食の定番コラカンダ（ハーブのお粥［ポリッジ］）のインスタント。ガーリックが効いていて寝起きの身体をあたためてくれます。ジャガリー（ヤシ糖）をかじりながら食べます。Rs140（**❍**）

Herbal Ball

ハーバル・ボール
←蒸して患部に叩き込むようにマッサージします。アーユルヴェーダ薬局ではたいてい3〜4種類のハーバル・ボールが売られているので、症状を伝えて購入しましょう。Rs180〜200（**D**）

Whitening Toothpowder

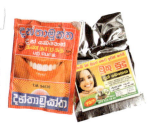

ホワイトニング・トゥースパウダー
→歯のホワイトニングパウダー。一日1回歯の表面に塗って使います。シンハラ語しか表記はありませんが、わかりやすいパッケージ。Rs30〜70（**D**）

紹介した商品はここで買えます！

A Siddhalepa Clinic（P.87）
＊One Galle Face Mall内にも支店あり (Lv4 One Galle Face Mall,Centre Rd,Colombo 2)

B Swastha by Link Natural
6 Maitland, Colombo 7
MAP📍P163 B-3

C Arpico Super Centre ハイドパークコーナー店
69 Hyde park Coner, Colombo 2
MAP📍P162 A-2
＊Keells Super Market 各店舗でも

D Ayurveda Pharmacy
八百屋や肉屋など生活必需品店の近くに見つけることができます。街中より住宅地の商店街などを探してみてください。目印は店先の生薬。

E Urban Island
181, Darmapala Mw, Colombo 7
MAP📍P162 A-2

Facial Musk

フェイシャル・マスク
ヨーグルトやハチミツ、ライムと混ぜて顔に塗ります。肌色が一段明るくし、キメを整えてくれるターメリックがふんだんに使われています。Rs2000（**E**）

石の硬度によって削り方を変える
のが職人の腕の見せどころ

スリランカの星占いと宝石のお守り

人生のあらゆるステージで占いが当たり前となっているスリランカ。
その教えはとても細かく、何歳まで生きられるかもわかるとか?!

子どもが生まれたらまず占い

　スリランカでは占いが生活に根づいていて、子どもが生まれれば生後すぐ行きつけの占い師にみてもらい、気をつけるべきこと、その子の性格、資質などを教えてもらいます。結婚する際は、相手との相性をみるのはもちろんのこと、その結果次第では破談になることもあります。結婚式や起業の日など人生の大事なステージは必ず占い師の助言をもとに決定し、結婚式の準備や開始時間も占いの診断通りに。なかには深夜2時から支度を開始する花嫁もいるとか！

　占いに助言を求めない人もなかにはいますが、ほとんどの家庭ではかかりつけ医のようにおかかえの占い師がいて、当たると評判の人はもちろん大人気です。ある人気の占い師の家の前には毎日4時間の行列ができています。

スリランカではカラーストーンが多く採れる

占いの結果と9つの宝石ナワラトゥナ

まず出生情報を元にホロスコープというチャート図を作成します（右下の写真）。それには生まれた瞬間、生まれた場所から見える惑星の位置が記されます。使われる星は太陽、月、火星、水星、木星、金星、土星、ドラゴンヘッド（日食ポイント）、ドラゴンテイル（月食ポイント）の9つ。ホロスコープには9つの部屋があって、生まれた日、時間、場所によってどの部屋にどの惑星が入るかが変わってきます。それらの配置でその人の運勢を読み取っていくのが占い師の腕の見せどころとなります。

スリランカの人は占いの結果、よくない時期を乗り越えるために、またよい時期をさらによいものにするために「ナワラトゥナ」という9つの宝石がついたジュエリーを身につけます。石の配置は各惑星がよい相互作用が出るように決まっています。またラッキーストーンを教えてもらえる場合にはそれを身につけるのもよいとされています。

スリランカはダイヤ以外の宝石はほとんど採れると言われています。産地として有名なのはラトゥナプラ。採掘体験可能なところもあるそうです。もし宝石を購入したい場合は値段交渉をしっかりしてください。また鑑定書もつけてもらうようにしてください。

ナワラトゥナに使われる代表的な宝石

すべてスリランカで採れる石で作られます。

- 太陽：健康、結婚＝ルビー
- 月：精神の安定＝ムーンストーン
- 火星：家庭、交通安全＝ピンクサファイア、オレンジサファイア
- 水星：金運、ビジネス＝グリーンエメラルド
- 木星：成功、パワー＝イエローサファイア
- 金星：恋愛、芸術＝ホワイトサファイア
- 土星：人間関係＝ブルーサファイア
- ドラゴンヘッド（ラーフ）：因縁解消＝ヘソナイトガーネット
- ドラゴン・テイル（ケートゥ）：突発的災害回避＝クリソベルキャッツアイ

石の色、配置を重要視してつくられたナワラトゥナ

❶出生情報をもとにつくられたチャート ❷宝石の産地、ラトゥナプラの採掘場 ❸ラトゥナプラでは街中の広場でトレーディングが行われている

チャートからラッキーナンバー、カラー、宝石もわかる

実際に占ってもらいました！

　占いの先生に自身の情報を伝えると、だいたい2、3時間ほどで鑑定結果が出るそうなので、情報は前もって伝えましょう。出生時間からスリランカ式の星座を割り出し、どんな気質を持っているか、どんな職業が向いているかなどを教えてもらいました。性格判断は頷けることがすごく多く、向いている職業はメディアやクリエイター、そして自営業がよいそうです（合ってる!）。健康面や家族のことなどまんべんなく教えてもらい、そしてこの後10年間でいつに何をするべきか、しないべきか、黄金期はいつかなどを教えてもらいました。

　普段あまり自身を占ってもらうことはないのですが、具体的なアドバイスがたくさんで背中を押してもらえる時間でした。転職、進路、結婚など詳しく知りたい項目があれば、事前に伝えることでより深く診断してもらえます。

○ **占いに必要な情報**
・生まれた日
・生まれた場所（○○県○○市まで）
・生まれた時間

○ **占ってもらった占い師**
シャーミラ・ドゥヌシンハ（Shirmila Dunusinghe）先生
海外にも国内にも多くの相談者を抱えるシャーミラ先生、いいことも悪いこともちゃんと伝えてくれるので、相談者から「自分のよい取説ができた!」と感謝されるそう。

石の配置にこだわらずオリジナルのナワラトゥナジュエリーをつくる人も

占星術でよりよい日々のサポートがしたい、とシャーミラ先生

鑑定場所：コロンボまたはニゴンボ市内
鑑定料：1人の場合 US＄75、2人の場合1人 US＄50
◎ Jetwing Travels の日本語通訳つき
予約&問合せ：ayako@jetwinghotels.com

スリランカのパワーストーンでジュエリーのオーダーもできる

Beach
in Sri Lanka

Beach in Sri Lanka
どこのビーチでなにして遊ぶ？

Adventure / Culture / Ayurveda / **Beach** / Colombo / GOLE

一年中楽しめる自慢のビーチ

スリランカはまわりをぐるりとインド洋に囲まれた島国。そのためさまざまな個性を持ったビーチリゾートがたくさんあるのです。季節風の影響でビーチのシーズンは半年ごとに変化しますが、常に西海岸と東海岸のどちらかがシーズンとなっています。

自然豊かなスリランカではたくさんのアクティビティが体験できます。西海岸では赤ちゃんウミガメの放流、東海岸では浅瀬が広がる無人島でのシュノーケル、南海岸から東海岸にかけてはホエール・ウォッチングやドルフィン・ウォッチングも盛んです。どの海岸でもダイビングはもちろん可能、またサーフィンの世界大会も開かれるほど、よい波があることでも有名です。

海に囲まれているということは海の恵みも豊富！新鮮なシーフードは大人気です。実はスリランカで揚がるマグロは、築地にも送られるほどのクオリティなのです。

❶ビーチで「何もしない」は最高のぜいたく
❷散歩がてら路地を抜けるとそこには……
❸湾になったビーチはおだやかで絶好の遊び場
❹早朝、ドルフィンウォッチングに出かける人びと

東海岸
● コロンボ
西海岸
● ゴール
南海岸

※各海岸地域は、本書内で紹介するスポットをもとに分けた本書独自のものです。

The Foretress Resort & Spa の開放感あふれるプール

海の男たちの威勢がいいのは世界共通

大きな太陽が空も海も赤く染めていく

> バラエティ豊かなステイが楽しめる
> ## 西海岸
>
> 　黄金海岸と言われ、雄大な夕日が見られる西海岸。早くからリゾート開発がはじまった地域でもあります。そのためさまざまな個性のリゾートがあり、ハネムーナーのためのラグジュアリーなヴィラ、アクティビティ豊富な家族向きリゾート、知的好奇心を満たしてくれるバワ建築のホテルなど、目的に応じてホテルがセレクトできます。

国際空港に一番近いビーチリゾートです。この地域はキリスト教徒が多く、街のいたるところにマリア像や大きな教会を見ることができます。スリランカ最大のフィッシュマーケットもあり、ラグーンで揚がったエビ、カニは大人気。

Negombo ニゴンボ

● コロンボ

ベントタ
Bentota

世界に向けて観光地化を最初に推進したリゾート地です。その一端を任されたバワの作品が多く見られる場所でもあります。大型ホテルからヴィラ、ゲストハウスタイプまで選択肢が多くあるリゾートです。

🛏 Cinnamon Bentota Beach
シナモン・ベントタ・ビーチ

1Dayチケットで泊まらずとも満喫

　バワがベントタのリゾート開発の命を受けデザインした、傑作と名高いホテルです。ホテルを彩るアートも多く飾られ眼福もの。旅の予算が限られている時でも、プール使用とランチがついたデイアウティング（1Day）チケットを購入すればバワ作品を一日満喫できます。

❶ 広々としたプールは岩を活かしたデザイン ❷ イスメス・ラヒームの絵画
❸ ラキの彫刻「ピーコック」 ❹ 圧巻のエナ・デ・シルバのバティック

🌐 Galle Rd, Bentota　☎ 034-227-5176
🔗 cinnamonhotels.com/cinnamonbentotabeach
📘 Cinnamon Hotels & Resorts
📷 @cinnamonbentotabeach　🛏 全175室
💰 一室 US＄188〜、朝食つき　◎デイアウティングチケット Rs11500（12歳以下 Rs5750）［プール利用料、ランチブッフェ、ウェルカムドリンク、ティーセット含む］ MAP 📍 P166 A-2

Induruwa Sea Turtle Conservation Center

インドゥルワ・シータートル・コンサベーション・センター

生態を学びながら子ガメ放流体験

　自然豊かなスリランカの西海岸はウミガメが産卵にくることで有名。ですが、ゴミの投棄や乱獲で数が減ってきている悲しい現実が。そのため多くの施設でウミガメの保護、調査が行われています。ここでは子ガメの放流が体験でき、入場料はウミガメ保護のために使われます。＊訪問日に放流があるか事前確認がベター

Galle Rd,Kaikawala,Induruwa　☎ 034-229-1597、077-307-7814
Induruwa Sea Turtles　@induruwaturtleconcervation
7:00〜19:00（放流は日没時刻に実施）　不定休
Rs3500（放流体験含む）　MAP P166 A-2

❶ウミガメを狙う鳥の活動が静まる日の入り頃に放流される ❷孵化したウミガメの放流準備の手伝いができることも ❸孵化したばかりのウミガメ

River Side INN FUJI

リバーサイド・イン・フジ

日本の心が大好きな夫妻が営む宿

　日本で長年働いた経験があるオーナー夫妻が営む川沿いの日本語が通じるゲストハウス。静かな立地と清潔な客室がうれしい。ベントタ育ちのおふたりには信頼できる人脈が多く、ボートツアーやトゥクトゥクの手配など旅を充実させるアクティビティについて安心して相談できます。

❹元和食シェフのクマラさんと奥さん、おふたりは日本が大好き ❺庭に面した1階のファミリールーム ❻庭はクマラさんがていねいに手入れしている

81, Circular Rd, Obadawatta, Bentota
☎ 034-227-5303　River Side Inn Fuji
全6室　一室US＄45〜、朝食別
＊問い合わせはメール riversideinnfuji@gmail.com がベター（英語）　MAP P166 A-2

CLUB.Ceylon
クラブ・セイロン

海の恵みをイタリアンで味わう

　ニゴンボのシーフードを楽しめるイタリアンレストランが2022年にオープン。地元の漁師とタッグを組んで、厳しい目線で食材を仕入れています。メニューは旬の素材やその日に揚がった食材によって変わります。ニゴンボ産のカニの身がたくさん入った手打ちタリアテッレのレモンクリームソースは濃厚なおいしさ。コロニアル様式の飾り窓、大理石のテーブル、アンティークのお皿に盛られた料理。大事な人たちとぜいたくな時間を過ごせます。お酒は提供していないので、好みのものを持ち込んで（要持ち込み料）。

🏠 25 Main St, Negombo　☎ 077-808-7822
📘 CLUB. Ceylon　📷 @clubceylon
🕛 12:00〜15:00、18:30〜21:30　🚫 月曜休　MAP 📍P166 A-1

❶ 美しくセッティングされた店内　❷ 白ワインによく合うセビチェRs3000　❸ 大人気のパプリカプラウンRs3700、オイルはパンで味わって　❹ 人気の前菜、イカスミとタコのコロッケRs1600　❺ 100年を超えるコロニアル様式の邸宅

開放的な雰囲気あふれる新しいエリア
南海岸

オンシーズンは11〜4月。それぞれ個性があるビーチが連なり、目的に応じて行き先を選ぶとよいでしょう。2004年にスマトラ沖地震で甚大な被害がありましたが、この地に魅せられた欧米人たちが立役者となって、新たなスリランカの魅力やカルチャーを発信しています。

沖合に18世紀の沈没船が見られる人気のダイビングスポットです。作家のアーサー・C・クラークはダイビングのためここに移住したそう。にぎやかなビーチにつながるメインロードは土産店やレストランなどが多く、そぞろ歩きが楽しい道です。

Unawatuna
ウナワトゥナ

Yala
ヤーラ

風紋が現れる白くキレイな砂浜の海岸線。まだまだ手つかずの静かなビーチが多くあります。海岸にゾウが現れることも。

●ゴール

Hiriketiya
ヒリケティヤ
→P102

Ahangama
アハンガマ

スリランカの伝統漁法ストルトフィッシング[※]が体験できるビーチがあります(有料)。町は小さいながらもツーリストであふれていて、カフェやレストラン、バーが充実しています。

[※ 浅瀬に棒を立ててよじ登り、つかまった状態でつり糸を垂らす]

Weligama
ウェリガマ

サーフィン初心者でも挑戦しやすい波があることで人気のビーチ。マリオット・ホテルができたことでさらに人気上昇中です。ビーチ沿いにはサーフスクールやボードレンタルの店が軒を連ねます。細かい砂で子どもたちの砂遊びにも最適。

サーフィンスクールが軒を連ねるウェリガマビーチ

Kurumba Bay Weligama
クルンバ・ベイ・ウェリガマ

ツーリストにやさしい複合施設

　人気のレストランやショップのほか無料のプールもある、ビーチ沿いの複合施設です。ビーチの木陰にはソファやテーブルが置かれ、敷地内のレストランで頼んだものを席まで届けてもらえます。誰でも使えるシャワーやトイレも完備。朝から夜まで、便利に利用できます。ここを利用すればホテルがビーチから離れていても便利。宿の選択肢が広がりそうです。

❶ 入場料や施設使用料はかからず利用できる ❷ 海とプールが両方楽しめるのはうれしい ❸ エビ料理専門店のエビサラダ ❹ 海水浴用品のショップもあり安心 ❺ 海風が心地よいビーチサイドのソファ席

住 496 Matara Rd, Weligama
☎ 072-227-2278
f Kurumba Bay
@kurumbabay
⏰ 9:00〜23:00
休 不定休　料 無料
MAP P166 B-1

📷 Hiriketiya Beach
ヒリケティヤ・ビーチ

穏やかな時間が流れる青い湾

　10年ほど前から少しずつ開発が進み、今は外国人が利用しやすい宿やカフェ、世界からも注目を集めるバーが登場するなど、目が離せないビーチです。魅力は外国人の滞在に便利でありながら、まだ大型資本のホテルなどはなく、スリランカの田舎のよさもちゃんと残っているところ。オンシーズンの海は青く、小さな湾のため波も穏やか。子どもも安心して遊べて、波間にぷかぷか浮いているウミガメにもよく出会います。

⊕ Hiriketiya Rd, Dickwella　MAP 📍P166 B-2
［アクセス］
・コロンボから車で2時間40分ほど（高速道路利用）。
　最寄りICはAparekka I.C.
・Mataraからバスで40分ほど
［シーズン］11〜4月

③

❶ボディボードやサーフボードも気軽な値段でレンタルできる ❷細かな白い砂浜のビーチは全長500mほど ❸大人から子どもまで楽しめるサーフレッスンもぜひトライを。レッスン料は1時間Rs5000ほど

Bar Utopia バー・ユートピア

私がよく利用する海の家です。サーフレッスンも開催。

ほとんどの海の家はサンベッドの利用は無料ですが、食事や飲みものの注文を

☎ 071-525-1557
Bar Utopia Hiriketiya
@barutopia_hiriketiya
⊕ 8:00〜22:00
㈭ 不定休

②

Island Luxe Boutique
アイランド・リュクス・ブティック

女性目線でセレクトされた雑貨店。

スリランカのお土産探しにもぴったり
☎ 074-362-7181 ⊕ 10:00〜19:00 ㈭ 無休

Clear Point Super
クリア・ポイント・スーパー

お酒、医薬品、変換プラグなど、驚くほど品ぞろえがよいツーリストのためのコンビニ。両替も可。

向かいにあるレストランClear Pointの系列店

☎ 041-225-7900 ⊕ 8:00〜22:00 ㈭ 無休

Adventure / Culture / Ayurveda / **Beach** / Colombo / GOHAN

The Cinnamon Experience
ザ・シナモン・エクスペリエンス

上質なセイロンシナモンができるまで

　セイロンシナモンは繊細な香りと上品な甘みで世界中にファンが。「シナモンウォーク」と呼ばれる見学ツアーでは、シナモン畑を歩きながらシナモンの製造過程やその効能を知ることができます。そんなセイロンシナモンの味わいを堪能できるランチつきコースもあります。

⊕ Kathaluwa Thiththagalla Rd, Koggala ☎ 076-801-5151
URL thecinnamonexperience.com/ The Cinnamon Experience
@the_cinnamon_experience 9:00〜17:00 不定休 シナモンウォーク（1時間）大人US＄30、6〜12歳US＄7.5、6歳以下無料　ランチつき（2時間半/12:00-14:30）大人US＄60、6〜12歳US＄30、6歳以下無料　＊前日までに要予約　MAP P166 B-1

❶木の幹を少し削るだけで芳醇なシナモンの香り
❷シナモンの畑を歩く
❸子どもでも幹削りを体験できる

Mukti Studio ムクティ・スタジオ

ナチュラルでサステナブルな雑貨

　オーガニックコットンを用いた手織りリネンや服、ハンドクラフトのサンダル、リサイクルされたナイロンからつくられたやさしいアースカラーのスイムウェアなどが、シンプルですがあたたかみのある店内にディスプレイされています。ゆったりしたい気分に寄り添うセレクトショップです。

⊕ Galle Rd, Ahangama
☎ 076-832-5011
URL mukti-studio.myshopify.com/
@studio.mukti
9:30〜21:00
不定休
MAP P166 B-1

❹シンプルな外観が逆に興味をひく　❺スリランカの石を使ったジュエリー　❻アースカラーのリラックスウェアが並ぶ

Hangten Rooftop
ハンテン・ルーフトップ

空と海とおいしいごはん

　海をこよなく愛するサーファーたちが合宿するようにステイするゲストハウスのルーフトップ（屋上）につくられたカフェ。ジューシーなハンバーガー、ちょっとスパイスを効かせたスムージーなどを、空と海ををながめながら楽しむ時間は最高にハッピーです。

🏠 540 Weligama Bypass Rd, Weligama　☎ 076-557-3396
🔗 hangtimehostel.com/　📘 Hangtime Hostel
📷 @hangtimehostel　🕐 7:30〜21:30　🚫 無休　MAP 📍P166 B-1

❶ シェフおすすめ、空心菜のサラダにマグロのタタキをのせた一品。Rs2200　❷ シナモンが効いたアボカドスムージーRs1100はエネルギーチャージに最適　❸ ひとり客もグループ客も居心地よく過ごせる雰囲気が流れる

Skinny Tom's Deli
スキニー・トムズ・デリ

ハズレなしの満腹カフェめし

　入れ替わりが激しいエリアでずっと安定した人気を誇るカフェ。サンドイッチに使われるパンもメニューに合わせて自家製です。ショーケースに並ぶデザートにも目移りしてしまいます。お茶でもがっつり食べたい時でも、いつでもウェルカムな店です。

❹ 分厚いパティに大満足。ダブルチーズバーガー（ポテト付き）Rs3100　❺ レジの周りには自家製ケーキ、パンが並ぶ　❻ 山盛りのサラダがサイドにつくレモングラス・シーフード・タイカレー Rs3800

🏠 147 Devala Rd, Unawatuna
☎ 076-771-8667　🔗 skinnytoms.com
📘 SkinnyTom's Deli　📷 @skinnytoms
🕐 8:00〜21:00　🚫 無休　MAP 📍P166 B-1

Smoke&Bitters
スモーク・アンド・ビターズ

大地の恵みを洗練されたカクテルで

「アジアのベストバー50（Asia's 50 Best Bars）」に2022年から3年連続でランクインする前衛的かつ実力派の人気バーです。カクテルはスモークなどで風味をつけたスピリッツに自家製ビターズ［※］でスリランカハーブやスパイスのアクセントを。料理は炭火調理またはスモークすることで素材のうまみを引き出しています。メニューはすべて、ひと口目から余韻までぜいたくに味わえるよう工夫が散りばめられています。スリランカ食材を使うことに重きを置きつつ、新しいスリランカの側面を見せてくれる店です。

［※］ハーブやスパイスなどを漬け込んでつくる香りと苦味の強いリキュール

❶洗練されたカクテルを味わうのはスリランカらしい景色の中で ❷フレンドリーなスタッフは1日300杯以上カクテルをつくっているそう ❸人気のハイビスカス香るカクテル、シッピン・オン・ジンRs3500 ❹ココナツを揚げたクルンバカラマリRs1800とシグネチャーカクテル、バナナラマRs3300 ❺スモークで風味づけしたカリフラワーの一皿Rs2000

Pehembiya Rd Dickwella south
076-990-2389　smokeandbitters.com/
Smoke & Bitters　@smoke.bitters
17:00〜23:00　不定休　MAP P166 B-2

❶波の音を聴きながらピザを。持ち帰りも可能 ❷シグネチャーピザのひとつバクーズィ ❸白と青の配色がさわやかな店内

Bacuzzi @ Hiriketiya
バクーズィ・アット・ヒリケティヤ

海風を浴びながら窯出しピザを

イタリア人オーナーがイタリアの味そのままに、海で遊んだ腹ペコのお客をもてなしています。手ごねのピザ生地を温度管理を徹底した石窯で、表面はパリッとなかはモチモチに焼いたナポリピザはRs3000ほどから。メニューのすべてにイタリアのこだわりがいっぱいです。

⊕ Hiriketiya Beach, Pehembiya Rd, Dikwella
☎ 076-697-5591 Bacuzzi at Hiriketiya
@bacuzzi.hiriketiya ⏰ 13:00〜21:30 不定休
MAP 📍P166 B-2

🫖 Moochie's ムーチーズ

身体にいいものでお腹いっぱいに

地元の新鮮な野菜をふんだんに使ったワンプレートのカフェごはんは目にも楽しく、身体が喜ぶものばかり！ほとんどのメニューでヴィーガン、グルテンフリー、デイリーフリー（乳製品なし）などのオプションがあり、体質や体調に合わせて選ぶことが可能です。

⊕ 32 Samaraweera Pl, Weligama
🌐 moochiescafe.com
moochies_weligama
@moochiessrilanka_
⏰ 8:00〜21:00 不定休
MAP 📍P166 B-1

❹リピーターも多いムーチーズカリーRs2600とココナッツジュースRs800 ❺ナチュラル素材をアクセントにしたインテリア ❻敷地内にはショップもある

❶人気の揚げ春巻Rs1600とトムヤムヌードルRs2500 ❷席数は多くないので大人数の時は予約がベター ❸タイ人の女性2人が切り盛りする

🍴 Thai Charm タイ・チャーム

食べ慣れたスープ料理が身体にしみる

スリランカ旅行中はスープものが食べたいと思ってもなかなか見つけることが難しいのですが、ここでは日本人にも親しみやすいタイ料理が食べられます。いつものタイ料理が前菜からメインまでそろっているので、旅で高揚している身体と心にひと息入れたい時に。

⊕ Matara Kabarana Rd, Ahangama
☎ 074-035-6138
f Thai Charm
◎ @thai.charm
⊗ 12:00〜22:00
㊡ 無休
MAP 📍 P166 B-1

❹共有冷蔵庫のなかは部屋番号が割り振られ自由に使用可能 ❺サーフボードはレセプション前で預かってくれる ❻部屋にはビーチで使えるビーチブランケットも置かれている

🛏 The Yard Hiriketiya ザ・ヤード・ヒリケティヤ

自分のペースで暮らすように滞在

ナチュラルな落ち着いた客室にある雑貨は、メイド・イン・スリランカの素敵なものばかり。共有のキッチンやリビングのスペースがぜいたくに取られているため、ゲストそれぞれが思い思いに過ごせます。ランドリーサービスもあり、長期滞在でも安心です。

⊕ Hiriketiya Beach Rd, Dickwella
☎ 077-628-0355
◎ @theyard.hiriketiya
⊗ 全5室 ㊎ 一室US＄60〜、朝食別
MAP 📍 P166 B-2

❶木材がふんだんに使われ、あたたかみのある客室 ❷白が基調のメインレストランでの朝食ブッフェ

🏠 The Fortress Resort & Spa Koggala,Galle
☎ 091-438-9400
URL fortressresortandspa.com
ⓕ The Fortress Resort and Spa
ⓘ @thefortressresortandspa
🛏 全53室
¥ 一室US＄147〜、朝食つき
MAP 📍P166 B-1

🛏 The Fortress Resort & Spa
ザ・フォートレス・リゾート・アンド・スパ

心癒すおもてなしで
旅がさらに特別に

　高い壁に囲まれた敷地内に一歩足を踏み入れると「アーユーボーワン！」とビッグスマイル。ゲストの満足度が高くて有名なこのホテルのおもてなしのはじまりです。どの部屋もゆったり過ごせるよう広さは65㎡以上、寝具の枕は8種類から選べます。キッズクラブやシッターサービスもあるので、子どもを預けてスパを堪能することも可能。館内はいたる所にスリランカの色鮮やかな花が飾られ、細やかな心づかいにもまた癒されます。空が赤く染まる夕暮れ時はぜひバーでハッピーアワーを楽しんで。

❸キッズプールもあるインフィニティプール ❹ほぼすべての部屋が海に面している ❺目の前の海に太陽が沈むサンセットタイム

「アーユーボーワン！」

Jetwing Yala
ジェットウィング・ヤーラ

ジャングルと海に囲まれて

　2023年から2年連続でファミリーリゾートホテルとして世界的な賞を受賞したホテル。力強い自然のなかにあり、波の音や動物たちの鳴き声をすぐそばに感じます。ヤーラ国立自然公園にも近く、敷地内にも25種ほどのスリランカ固有種の鳥が生息しています。ホテル周辺をテリトリーにしているゾウもいて（愛称は短い尻尾という意味のナッタコタ）、運がよければ散歩する彼に会えるかも。でも野生動物なので距離は保ちましょう。自然のなかに身を置く心地よさを感じられるホテルです。

住 Palatupana, Yala, Kirinda
☎ 047-471-0710
URL jetwinghotels.com/jetwingyala/
Jetwing Yala　@jetwingyala
全80室　一室 US＄236〜、朝食別　MAP P008

❶ 遮るもののない大きな空が広がる ❷ 大きな窓がついている広々した客室 ❸ 以前ゾウがロビーに入ってきてしまったことがある ❹ 料理自慢の宿でもある。近海で採れたワタリガニ。❺ 運がよければヒョウに出会えるかも（Photo: Pamath Dissanayake）❻ ナチュラリストのパマトゥさん、いち早く動物を見つける

カラフルなドルフィンウォッチング用ボート

スリランカが誇る青い海
東海岸

スリランカで「一番きれいなビーチはどこ?」と聞くと「東海岸」と答える人多数。もともとはのどかな漁村、ゆったりとした時間が流れています。ヒンドゥー教徒や寺院も多く、スリランカの多様性を感じさせてくれるエリアでもあります。オンシーズンは5月から10月。

日がな一日ビーチでゴロゴロするのが最高

泳ぎ疲れたら木陰でひとやすみ

ウプヴェリ、ニラヴェリ、コッチャベリという3つのビーチにツーリストが集まります。夕暮れ時には砂浜で地引網が行われ、サッカーやクリケットを楽しむ地元の人たちの歓声が聞こえます。透明度の高い海でのダイビングや、ホエール・ウォッチングが人気のアクティビティです。地球上の生物で最大と言われるシロナガスクジラが見られることも!

Trincomalee
トリンコマリー

● コロンボ

Arugam Bay アルガン・ベイ

小さな漁村ですが、サーフィン上級者が好むよい波がたつことで有名なビーチです。世界中からサーファーたちが板をかかえて集まってきます。スマトラ沖地震の津波で甚大な被害がでたアルガン・ベイ。復興のために『ARUGAM-BAY』というビーチサンダルブランドがつくられました。カラフルでとってもかわいいですよ。

Pigeon Island
ピジョン・アイランド

海を渡って無人島へショートトリップ

　以前は鳩がたくさん生息していたのでこの名がついたそう。島ではサメやカラフルな魚たちがお出迎え。でもおとなしいサメなのでご安心を。運がよければウミガメもすぐそばを泳いでいきますよ。自然豊かな場所として国立海洋公園にも指定されています。島に売店はないので、飲みものや軽食などは忘れずに持っていきましょう。島に向かうにはまずニラヴェリビーチにある入島カウンターへ。ぼったくりも多発しているので、入島チケット購入はホテルにお願いするか自分でカウンターへ行きましょう。

❶浅瀬が広がり子どもたちもシュノーケルが気軽に楽しめる（シュノーケルセットの貸し出しもありますが持参がベター）❷木陰には誰かがつくったブランコが ❸ニラヴェリビーチから1キロほどの沖合。チャーターボートで向かう

(入島料)大人US$25、子供US$15（入島には要パスポート）
＊上記以外にボートチャーター料、ボート入島料、ダイビング・シュノーケリング許可料、税金が必要
＊ボートチャーター料は要交渉
⊕ 8:00〜17:00　MAP 📍P167 B-2

Koneswaram Temple
コネスワラム寺院

⊕ Thiru Koneswaram Temple, Trincomalee
☎ 026-222-6688
URL koneswaram.com/
 Koneswaram Kovil
㊷ 無料(靴保管料 Rs20別途要)
MAP ♥ P167 B-2

❶切り立った崖にまつられた神さま ❷国内外から訪れる参拝者が絶えない ❸町を見守るように座るシヴァ神の像 ❹シヴァ神の乗りものである白いオス牛にもお供えの花飾り

崖に切り立つ極彩色のヒンドゥー寺院

　紀元前に建立、しかし1600年代にポルトガルに破壊されてしまいました。その後、海中や市内の地中から御神体や柱を引き上げ、今の地に再建したそうです。その場所はトリンコマリー駅から車で12分ほど。ポルトガルに破壊されないよう井戸のなかに隠され、だいぶ後から発見された御神体も見ることができます。青い空と海にはさまれてまつられる極彩色のヒンドゥー教の神さまたち。木陰の下でその来し方に思いを馳せながら、参拝者の祈る姿をながめているのが私は好きです。参拝する際は裸足になる必要があります。

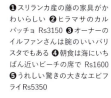

❶スリランカ産の藤の家具がかわいらしい ❷ヒラマサのカルパッチョ Rs3150 ❸オーナーのイルファンさんは腕のいいバリスタでもある ❹朝食は海にいちばん近いビーチの席で Rs1600 ❺うれしい驚きの大きなエビフライ Rs5350

Cafe on the 18th
カフェ・オン・ザ・エイティーンス

東海岸のシーフードを大満喫

　最初は2人のスタッフからはじまったこの店、今では15人のスタッフを抱える繁盛店となりました。レストランやカフェが数店舗集まったフェルナンド・ビーチ・マーケットにあり、おいしい魚を知っている日本人もリピーターになるほど新鮮な魚介を出しています。オーナー自ら毎日市場に出向き、その日一番新鮮な魚を仕入れてくるからです。地元の市場をよく知るオーナーだからこそ野菜や果物も色鮮やか。朝食からカフェタイム、ディナーまでいろいろな使い方ができる、この街になくてはならない店です。

Fernando's Beach Market, Trincomalee　077-978-8814
cafeonthe18　@cafeonthe18　9:30〜21:30　無休　英語メニュー◎
MAP P167 B-2

27th km Post, Pulmoddai Rd,
Kuchchaveli, Trincomalee
URL ugaescapes.com/junglebeach/
☎ 026-211-7100 uga @ugaescapes
全49室　一室US$342〜、朝食つき
MAP P167 B-2

🛏 Uga Jungle Beach
ウガ・ジャングル・ビーチ

童心にかえって思いっきり遊ぶ！

　部屋はすべてコテージタイプ。ジャングルを散歩しながらたどり着くかのように点在しています。木をふんだんに使った客室はジャングルのなかのベースキャンプ。シンプルでゆったりとしたスペースが心地よいログハウス風です。生い茂った林を抜けると、そこは白いビーチ！　海で遊ぶ楽しさに時間を忘れてしまいます。ビーチやプールで遊んでお昼寝、または木陰で静かに読書。夜はビーチの松明に火が灯り、波の音をBGMに新鮮なシーフードが楽しめます。ワイルドなだけでなくロマンチックさも兼ね備えたビーチリゾートホテルです。

❶広いプライベートビーチできれいな朝日を見るのもおすすめ ❷子ども用の浅いプールもあり安心して遊べる ❸プライベート感を大事にしたつくり ❹バーやダイニングの屋根は草ぶきでワイルド感があふれる ❺部屋にビーチサンダルやビーチバックが置かれているのがうれしい

Colombo City

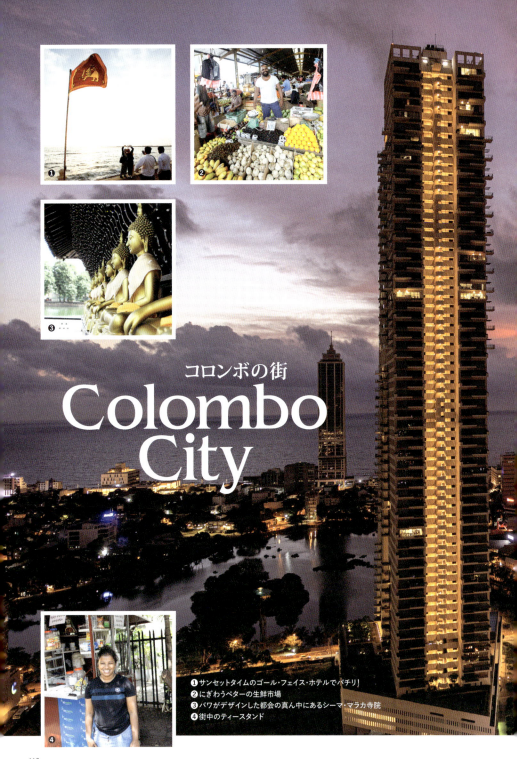

Colombo City
コロンボの街

❶サンセットタイムのゴール・フェイス・ホテルでパチリ！
❷にぎわうペターの生鮮市場
❸パワがデザインした都会の真ん中にあるシーマ・マラカ寺院
❹街中のティースタンド

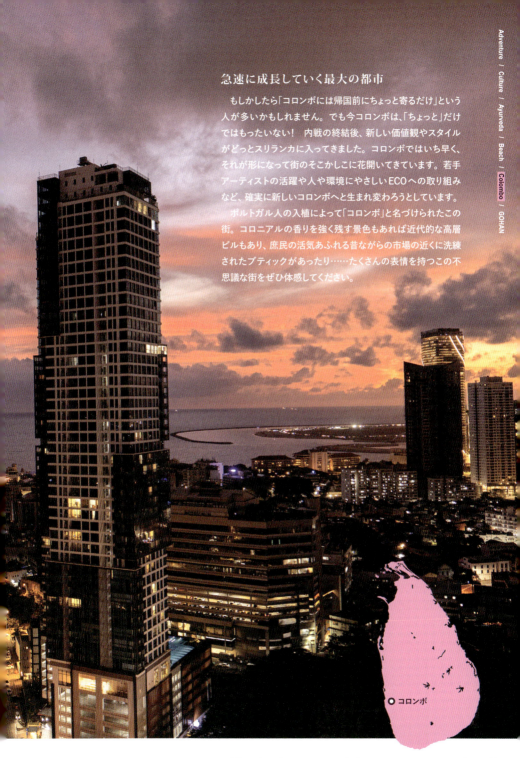

急速に成長していく最大の都市

　もしかしたら「コロンボには帰国前にちょっと寄るだけ」という人が多いかもしれません。でも今コロンボは、「ちょっと」だけではもったいない！　内戦の終結後、新しい価値観やスタイルがどっとスリランカに入ってきました。コロンボではいち早く、それが形になって街のそこかしこに花開いてきています。若手アーティストの活躍や人や環境にやさしいECOへの取り組みなど、確実に新しいコロンボへと生まれ変わろうとしています。
　ポルトガル人の入植によって「コロンボ」と名づけられたこの街。コロニアルの香りを強く残す景色もあれば近代的な高層ビルもあり、庶民の活気あふれる昔ながらの市場の近くに洗練されたブティックがあったり……たくさんの表情を持つこの不思議な街をぜひ体感してください。

Adventure / Culture / Ayurveda / Beach / **Colombo** / GOHAN

○ コロンボ

日が暮れて明かりが灯りはじめるコロンボの街。Verticle by Jetwing からのながめ

Gangarama Temple & Seema Malaka Temple

ガンガーラマ寺院&シーマ・マラカ寺院

湖に浮かぶ都会の寺院

　ベイラ湖のそばに建つこの2つの寺院は、コロンボいち有名です。シーマ・マラカ寺院は、1979年に建築家ジェフリー・バワによって再建されました。バワらしい直線の美が感じられます。すぐそばのガンガーラマ寺院は、まるでアンティークショップや美術館のようなにぎやかな寺院です。寄贈されたさまざまな仏像や、価値がありそうな装飾品があちこち無造作に置かれていて、そんなおおらかなところもスリランカらしいところです。でも祈る人たちの姿は敬虔な仏教徒そのもの。瞑想する人たちも多く見かけます。

❶シーマ・マラカ寺院の屋根はスリランカでは珍しい青い瓦 ❷街を見守るように置かれている仏像たち ❸仏像の肌の色が超えてきた年月を思わせる ❹境内は気持ちのいい空気が流れている ❺無造作に置かれたダッチスタイルのアンティークの木彫りの馬 ❻ガンガーラマ寺院の入り口、はだしになって見学する

シーマ・マラカ寺院
⊕ Sir James Pieris Mawatha, Colombo 2
MAP 📍P162 A-2

ガンガーラマ寺院
⊕ 61 Sri Jinarathana Rd, Colombo 2
☎ 011-243-5319
URL gangaramaya.com/
Gangaramaya Temple
@gangaramayatemple
🕐 6:00〜20:00 無休
入場料 Rs400（両寺院入場可）
MAP 📍P162 A-2

📷 Galle Face Green
ゴール・フェイス・グリーン

都会のなかにある
憩いの広場

　ゴール・フェイス・ホテル（P.144）から北へ500mにわたって海沿いに広がるこの場所は、夕暮れを楽しむ人たちでにぎわっています。子どもたちが歓声をあげて凧あげに興じる姿は、都会のなかにありながら心和む景色です。そしてインド洋に沈む大きな夕日を、海風を浴びながらぜひのんびりながめてください。夕日が落ちると海岸沿いのイッソワデ（エビの豆せんべい）の屋台に電球がともり、うしろには高層ビルや港の灯りが輝きだします。

❶少年が店番の凧を売っている屋台 ❷雑貨屋の屋台で物色する女子学生 ❸ゴール・フェイス・グリーンの名物、イッソワデ（エビの豆せんべい） ❹スリランカ初の大型ショッピングモール、ワン・ゴール・フェイスは道路をはさんですぐ ❺夕暮れからがかきいれどき

🏠 56 Colombo-Galle Main Rd, Colombo 2
海岸沿いの約500m
MAP 📍P160 A-1

Urban Island
アーバン・アイランド

デザインの力で次の世代につなぐ

　売られているものはすべて伝統工芸の手法などを用いたメイド・イン・スリランカ。それらを時代に合わせたデザインと融合させた、この店オリジナルの洗練されたプロダクトが並びます。この店ができた理由は次世代にスリランカが誇る工芸を残していきたいから。デザインの力で新たなスリランカの可能性を発見できる店です。二階ではスリランカの若手デザイナーの洋服がブランドごとにディスプレイされています。店内の商品はコスメから生活雑貨、お茶、アクセサリーまでバラエティに富んでいます。

🏠 181 Srimath Anagarika Dharmapala Mawatha, Colombo 7
☎ 076-442-0000　🔗 urbanisland.lk
f Urban Island　📷 @urbanislandcolombo
🕙 10:00〜19:00　🚫 不定休　MAP P162 A-2

❶どんな場所にもなじむやさしい色あいのカゴ雑貨 ❷パッケージにそそられるスパイス類 ❸洋服はメンズ、レディースのほか、キッズもそろう ❹暮らしの提案が楽しいディスプレイ ❺商品は一点ものが多い ❻コスメアイテムにはアーユルヴェーダに関連したものも

BAREFOOT
ベアフット

カラフルな雑貨に
心うばわれる

　入り口はシンプルなのに、その扉を開けるとカラフルな店内に期待がふくらみます。1964年に画家のバーバラさんがはじめた小さな店は、彼女のセンスとこだわりがたくさんの職人やアーティストを引き寄せて、今ではスリランカ国内にとどまらず世界中のツーリストからも大人気の店になりました。ディスプレイも楽しく、見ているだけでワクワクします。書籍売り場ではバワ建築の専門書やスリランカ料理の英語版もあり、帰国してからのお楽しみも。友達や家族へのお土産はもちろんのこと、スリランカの鮮やかな光を思い出させてくれる自分へのお土産を探してみてください。

❶インテリアのアクセントになりそうな手書きのお皿
❷なかにはレターセットが入っていて、さまざまな色の組み合わせがある
❸スリランカらしいカラフルなハンドルーム（手織り）の雑貨
❹小物入れにちょうどいいポーチも
❺店の奥には緑が気持ちいいカフェとアートギャラリーも併設している

☎ 704 Galle Rd, Colombo 3
☎ 011-258-9305　URL barefootceylon.com
BAREFOOT　@barefootceylon
10:00〜19:00、日曜とポヤデー 10:00〜18:00
MAP P162 C-2

❶デザイナーから新作が続々入荷する ❷ジュエリーコーナー。姉のサスキアさんはジュエリーデザイナーでもある ❸「幼い頃からアートにはずっと触れてきた」というオーナーのアンニカさん ❹シンプルでも女性らしいラインが活きるMAUSの服 ❺大人の女性のための「かわいい」デザインがある

 PR ピーアール

洗練されたMade in スリランカ

　スリランカで最初にセレクトショップをはじめたのがオーナーのアンニカさん。アンニカさんのこだわりは、オリジナリティがあってユニークで、スリランカのデザイナーの作品であること。そして女性の強さ、優しさを表現したものであること。そんなアンニカさんがセレクトした服はシンプルながらもひと味加えられていてワクワクするものばかり！　私のおすすめブランドは、日常使いできる服のMAUSと伝統工芸のバティックをモダンな服に仕上げているSonari。店の2階にはお姉さんのサスキアさんが経営するモダンアートギャラリーも。

㊐ 41 Horton Place, Colombo 7
☎ 011-269-9921
URL shopper.lK
PR
@pr_srilanka
🕙 10:00～18:00
㊡ 祝日
MAP 📍 P163 B-3

Adventure / Culture / Ayurveda / Beach / **Colombo** / GOHAN

The Design Collective
ザ・デザイン・コレクティブ

国内アーティストの伸びやかな感性

　女性オーナー一人がスリランカ国内のファッションデザイナーの発表の場となるようにと開いたセレクトショップ。デザインはスタイリッシュなものから遊び心のあるものまで各デザイナーの個性が花開いています。服だけでなくジュエリーやバッグ、シューズと充実の品ぞろえで、普段着からドレスまでさまざまなシチュエーションに対応できるのも魅力です。たまにデザイナー本人が店にいることも。商品はほぼ一点ものばかり。一期一会を大事にしてください。

❶モダンにデザインされたスリランカ伝統衣装もある ❷Navyaのクラッチバックシリーズ ❸ジュエリーNimanseのデザイナー ❹スリランカの石を使ったジュエリーも魅力的 ❺隣には系列の雑貨店Gandharaがある

28 Stratford Ave, Colombo 5
011-259-6328
thedesigncollectivestore.com
The Design Collective
@thedesigncollectivestore
10:15〜19:00、
日曜10:00〜18:00
MAP P161 C-3

Rithihi
リティヒ

オールハンドメイドの美しい世界

　インド各地から集められたすべて手仕事によるサリーや布製品の店。半年もかけて家族総出で縫われるカンタ刺繍は圧巻です。サリーを買ってタペストリーにする人も多いそう。同じ布を使ってクッションカバーやランチョンマットもつくられています。

⊕ 19 Alfred House Gardens Rd, Colombo 3
☎ 011-258-1988　URL rithihi.com/
@rithihi　⊕ 10:00〜18:00　⊗ 日曜・祝日
MAP ♦ P162 C-2

❶1階にはサリー、2階にはストールや服が置かれている ❷サリーは1m×6mの布。それを女性の曲線美を引き立てるように巻きつける ❸日本の刺し子のようなカンタ刺繍

⊕ 31 Perehera Mawatha Colombo 3
☎ 072-010-1525　 desi.gnstation　 @desi.gnstation
⊕ 10:30〜18:00　⊗ 不定休　MAP ♦ P162 A-2

❹ころんとした曲線が愛らしいカップ Rs4500 ❺手描きの絵柄が愛らしいお皿 ❻ベイラ湖に面した店舗

Design Station
デザイン・ステーション

スリランカの手仕事を持ち帰る

　オーナーであり建築家のディリニさんが、自分の建築に飾る雑貨をつくりはじめたのがきっかけでオープンした店。スリランカのレインツリーやチーク材を用いたお皿は木目が美しく、同じものは二つとありません。陶器作家など若手デザイナーたちの作品も置いています。

\ 本気もひやかしもウェルカムです /
コロンボのマーケットいろいろ

作り手や売り手の顔が見えるマーケットは、活気があって地元の人とコミュニケーションをとるにも最適な場所です。掘り出しものが見つかるかも？

❷

❸

Good Market　グッド・マーケット

心と身体がよろこぶオーガニックマーケット

［屋外マーケット］
Saturday Good Market Event
📍 Nuga Tree Car Park, Colombo Racecourse Colombo 7
☎ 077-020-8642
🕘 土曜9:00〜17:00

［常設ショップ］
📍 14 Independence Ave, Colombo 7
☎ 077-276-4455
🕘 8:00〜20:00　休 祝日

f Good Market Lanka
@ @goodmarket.lanka
MAP 📍 P163 B-3

「人と地球にやさしい」をコンセプトに毎週土曜日だけ開かれる屋外マーケット。厳しい審査を通った店だけが出店でき、つくり手の顔が見える安心・安全なマーケットです。オーガニックの食材やフェアトレードの雑貨などお土産探しにも最適な場所。スイーツや軽食のヴェンダーも多数あり、食べ歩きもとっても楽しい！　人気のカレー屋は行列が途切れることがありません。イートインスペースもあるので、木陰の下で吹き抜ける風を浴びながらフレッシュジュースと一緒に召し上がれ。開催日や出店ヴェンダーはWEBサイトから確認することができます。すぐ近くには常にオープンしている常設ショップもあるので、土曜に行けない場合はのぞいてみてください。

❶人気ヴェンダーJEEWASのカレーは必食のおいしさ ❷大きさ、カラーも豊富なカゴ製品。エコバックにもなりそう ❸スリランカのスパイスやハーブが使われたオーガニックソープ Rs600〜 ❹入り口では開催されるミュージックイベントやアートイベントが告知される ❺家族連れの常連客が多いのは子どもに安心して与えられるものが多いから ❻アンティーク雑貨店も出店している

Pettah Market
ペター市場

人々の暮らしを支える活気ある市場

「ペターにないものはない」と言われるほど、コロンボいち大きな問屋街です。通りごとに金物街、衣料品街、電化製品街、生鮮食品と同じ業態の店が集まっています。近くにはコロンボフォート駅やバスターミナルがあり、驚くほど多くの人が行きかいます。問屋街ですが個人のお客も大歓迎。市場で働く人の元気を支える軽食屋台もあったりと地元の人の暮らしを垣間見ることができる活気あふれる市場です。

🏠 Pettah, Colombo 11
🕐 店舗により異なる
MAP 📍P160 A-2

❶日本にはないスリランカの野菜を見ることができる生鮮市場 ❷市場のあるペター地区で有名なジャミ・ウル・アルファー・モスク ❸売る人、買う人でごった返す

Pamunuwa Clothing Market
パムヌワ生地問屋街

テーラー＆手芸好きが集まる問屋街

コロンボ中心部から車で30〜40分ほどのマハラガマという街にある生地問屋街。地元の人には有名な問屋街で、早朝から卸や買いつけの人たちのにぎやかな声が飛び交います。問屋街だけにちょっとしたリラックスウェアやパジャマ、スカーフも激安で購入できます。旅のおともになるような気楽な一着を探してみるのもおすすめです。外国人が利用するカフェなどは見当たらないので、トイレは済ませてから出かけましょう。

🏠 Pamunuwa Rd, Maharagama
🕐 早朝〜18:00頃 ㊡ポヤデーや日曜は休みの店が多い（店舗によって異なる）
MAP 📍P161 地図外

❹スリランカ男性のリラックスウェア、サロンはRs500 ❺ゾウやヤシの木などスリランカらしい柄のアイテムも多い ❻余り布からつくられている足ふきマットRs250 ❼男性ショート用パンツはRs400

今のスリランカをおもちかえり!

ここでしか買えないお土産ガイド

「思い出になるものがほしい」「スリランカのことを伝えたい」、そんな思いが叶う、スリランカならではの私のおすすめお土産をご紹介します。
アーユルヴェーダ関連アイテムは88ページ、
カレー&スパイス関連アイテムは153ページにご紹介しています。

Goods & Foods
雑貨と食べもの

Ceramic Plate

陶器プレート
↑生活雑貨のセレクトショップで取り扱っている陶器ブランド。オリジナリティあふれる風合いが素敵です。Rs3600(**H**)

Sinhala&Tamil Alphabet Goods

シンハラ語&タミル語グッズ
←ころんとした文字がかわいい。タミル語プレートRs1620、シンハラ語ミニトート各Rs1150(**C**)

Cook Book

料理本
↑ロンドンにあるミシュランを獲得したスリランカ料理店のレシピブック。スリランカにひたれる写真がいっぱいです。Rs9750(**F**)

Flower Vase

一輪挿し
↑ダメージ加工したステンレスの一輪挿しはとてもシック。Rs4960(**C**)

藤の小物
↓ナチュラルな雰囲気のテーブルマットとギフトラッピングにも使えそうな小物入れ。スリランカの工芸品を取り扱う店で。Rs260〜(テーブルマット)Rs275(小物入れ)(**I**)

Cane Works

Pot Holder

鍋つかみセット
↑一周まわってレトロな柄がかわいい!スリランカにはこんなセンスのグッズがいろいろあります。Rs240(**B**)

Sri Lankan Art

アート作品
←廃材に描かれたゴールの街。ゴール出身アーティストによるもの。Rs3800(**F**)

Batik Napkins

バティックナプキン
←白と黒の色の組み合わせはパラダイス・ロードのテーマカラー。Rs590(**C**)

Soap

石けんいろいろ
→スリランカのハーブやスパイスを使った石けん。効能も表記されているので目的に応じてチョイスして。Rs600〜(**G** **J**)

Papadam

パパダン
↓豆や雑穀米が原材料。熱した油に入れるとパリッとふくらみ、カレープレートのおともに最適。Rs120 / Keells・Arpico(**A** **B**)

Ginger Cookie

ジンジャークッキー
↑思っている以上に生姜が効いたパンチのあるクッキー。紅茶と一緒にどうぞ。Rs550(**A** **B**)

Karapincha Biscuits

カラピンチャクラッカー
→カラピンチャ（カレーリーフ）のいい香りに手が止まりません。お酒のおつまみにも。Rs120(**A** **B**)

Cashew Nuts

カシューナッツ
→スリランカのカシューナッツは大ぶりで甘みがありとってもおいしい！ 私のおすすめブランドはROYAL CASHEWSです。50ｇRs650(**A** **B**)

Tea
紅茶関連

Tea Infuser

ティーインフューザー
↓一杯分の紅茶でも茶葉からちゃんと入れられるティーインフューザー。ミニポット型やシェル型などがある。Rs1000ほど〜（**D**）

Dust Tea

ダストの紅茶
←リーズナブルな価格のダスト茶葉。紅茶製造の過程で最後に残る茶葉です。Rs280（**A**・**B**）

Milk Powder

ミルクパウダー
←スリランカのミルクティーは牛乳ではなくミルクパウダーで濃厚につくります。Rs.550（**A**・**B**）

AMBA Estate Tea

アンバ茶園の紅茶
→世界で指折りの紅茶専門店が入荷待ちをするAMBA茶園の紅茶。入荷していたらラッキーかも！Rs1075（**G**）

Tea Jug

紅茶用ジャグ
→ジャグにダスト茶葉と砂糖、ミルクパウダーを入れ、お湯を注いで勢いよくかき混ぜれば、スリランカの味を完璧に再現！Rs.300（**B**）

Lumhini Tea

ルンビニ茶園の紅茶
↑デニヤヤにある有名茶園のアウトレットがコロンボにオープン。試飲もしながら茶葉選びができます。Rs470〜（**K**）

Small Packed Tea

ルンビニ茶園のシングルオリジンDaluシリーズと、フレーバー紅茶Giriシリーズを販売している

ミニ紅茶いろいろ
↑バラマキ土産に最適な紅茶のミニパックや産地別のミニサイズの紅茶セット。バラして配っても。Rs.300ほど〜（**E**）

紹介した商品はここで買えます！

A Keells Super Market
- ローリーズ店
  5 Lauries Pl, Colombo 4
  MAP 📍 P162 C-2
- ワン・ゴール・フェイス店
  1A Centre Rd, Colombo 2, One
  Galle Face Mall, B1F
  MAP 📍 P160 A-1

B Arpico Super Centre
- ハイドパークコーナー店
  69 hyde Park Corner, Colombo 2
  MAP 📍 P162 A-2

C Paradise Road
- Gallery Cafe (P.55)
- 本店 (Cafeとは別店舗)
  213 Dharmapala Mawatha,
  Colombo 7　MAP 📍 P162 A-2

D Mlesna Tea Shop
- インデペンデント・スクエア店
  Independent Square, Colombo 7
  MAP 📍 P163 C-3

E Sri Lanka Tea Board
574 Galle Rd, Colombo 3
MAP 📍 P162 C-1

F BAREFOOT (P.126)

G Good Merket 常設店
14 Independence Ave,
Colombo 7
MAP 📍 P163 B-3

H Pendi

I Lakpahana
14 Reid Ave, Colombo 7
MAP 📍 P163 B-3

J Urban Island (P.124)

K Lumbini Outlet
- ハヴロック・シティ・モール店
  324 Havelock Rd, Colombo 5
  Havelock City Mall B1F
  MAP 📍 P160 C-2

広くて品揃えも豊富なアルピコ・スーパー

グッド・マーケットの常設ショップ

＼ もし近くまで行くなら ／
こんなおススメSHOPも！

Noritake Factory Outlet
ノリタケ・ファクトリー・アウトレット

高級食器で紅茶がさらにおいしく

　1972年からキャンディの北、マータレーに生産工場をおき、全製品の9割をここで製造しているというノリタケ食器。工場の隣に併設されたアウトレットでは、規格に達しなかった製品が半額から1/3ほどの値段で購入できちゃいます。掘り出しものが見つかるかも！　梱包もしてくれるので持ち帰りも安心です。

❶倉庫のような店内にアウトレット商品がたくさん ❷半額以下で買えた人気商品「カーニバル」 ❸規格外とのことだが見た目にはほとんどわからない ❹クレジットカードが使えるのもうれしい

📍 Warakamura, Matale
📞 066-224-4432
Noritake Lanka Porcelain
@noritakelanka
🕘 9:00~18:00 (土日 17:00)
休 ポヤデー、シンハラ正月
MAP 📍 P165 A-1

❷
❸
❹

Thuna Paha ツナ・パハ

📍 316 Ethul Kotte Rd, Battaramulla
☎ 076-604-2001
🔗 watersedge.lk/we-restaurant/thunapaha
f Thuna Paha
🕐 12:00〜15:00、19:00〜23:00 休 祝日
英語メニュー◎　MAP 📍P161 B-4

スリランカの農村を疑似体験

　お昼時になると、畑で働く旦那さんのもとへ奥さんがカゴにカレーやご飯を入れ、頭に乗せて届けるのがスリランカののどかな田舎の風景だそうです。そんな光景を模したレストランがここ。材料はすべてオーガニック、敷地内でも野菜を育てています。田舎の風景を再現しつつも、ランチで提供されるのは本格的で洗練された豪華なカレーセット。女性スタッフが頭にカゴをのせて運んでくれます。ディナービュッフェではさらに伝統的メニューが増え、民族舞踊や生演奏が無料で楽しめます（曜日による）。

❶土のポットでつくるカレーはゆっくり加熱されるため特別なおいしさ ❷静かな環境でゆったりと食事が味わえる ❸デザートもつく昼のビュッフェはRs4100、夜はRs5950 ❹たくさんのカレーがあるので運ぶのは3人がかり

❶竹筒で蒸し焼きにしたマトンバンブービリヤニも人気 Rs2650 ❷2、3人でシェアできるティスティング・バスケット Rs5550（ディナーのみ）❸ダイニングスペースは部屋ごとにテーマが異なる

⌂ 25 Kensington Garden, Colombo 4
☎ 077-442-2448
URL culturecolombo.lk
Culture Colombo
culturecolombosl
⏰ 15:30～22:30 不定休
MAP P160 C-2

Culture Colombo
カルチャー・コロンボ

スリランカ定番料理を一度に

　時間が限られている旅行者にうれしいのが、いろいろなスリランカ料理を一度に試せるセット。にぎやかな盛りつけにも目を奪われます。使われているスパイスは、オーナー一家秘伝のツナパハ[※]。たった一人のシェフしかその配合を知らないそう。

[※] スリランカ料理の基本となるミックススパイス

Ministry of Crab
ミニストリー・オブ・クラブ

マッドクラブを豪快に食す！

　スリランカ産マッドクラブは身が詰まっていて絶品！大きさと調理法を指定して注文します。腹ペコの人や存分に味わいたい人は1kg以上を。私のおすすめはガーリックチリクラブとカリークラブ。カニのうまみが溶け出したソースは自家製パンにつけて最後まで楽しんで。

⌂ Old Dutch Hospital Complex, 04 Hospital St, Colombo 1
☎ 077-002-4823　URL ministryofcrab.com/colombo/
Ministry Of Crab　@ministryofcrab
⏰ 12:00～22:30　ポヤデー　英語メニュー◎　MAP P160 C-1

❹店では一番大きいサイズのカニはゴジラと掛け合わせてクラブジラと呼ぶ ❺オープンキッチンからはいい香りがただよってくる ❻オープンと同時に埋まっていく客席

Sri Vihar スリ・ビハール

老舗ベジタリアンレストラン

お客が途切れることなくやってくる老舗繁盛店です。特に南インド料理に定評があり、お昼の定番であるサウスインディアンミールスは看板メニュー。家では作ることができないパリパリ食感が楽しい大きなペーパードーサもぜひ試してほしい一品です。

❶もちっとしたポテトカレーと相性抜群のギーペーパーマサラドーサ Rs650 ❷エアコンなしの1階とエアコンつき（サービスチャージ10％）の2階席がある ❸ランチどき限定のサウス・インディアン・ミールス Rs800

⊕ 3 Sri Sambuddhathva Jayanthi Mawatha, Colombo 5
☎ 011-259-6597　URL srivihar.lk　Sri Vihar　@srivihar.lk
🕐 7:30〜22:30　⊛不定休　MAP 📍P162 C-2

Department of Coffee デパートメント・オブ・コーヒー

豆や淹れ方まで選ぶ楽しみを提案

店名通りコーヒーに強いこだわりを持ったカフェです。世界の豆に加えスリランカ産もあり、旬の豆が一番引き立つよう自家焙煎した挽きたてのコーヒーを提供しています。明るい日差しの店内で、コーヒーとオリジナリティあふれるフードをいただくのが私は大好きです。

❹ていねいに淹れられたコーヒーは一日をハッピーにする ❺香り高いコールドブリュー Rs 895とポルサンボルが挟まれたブレッキー Rs1995 ❻ベルジャンサイフォンで淹れるコーヒーの風味は格別

⊕ 10A Philip Gunawardena Mawatha, Colombo 7
☎ 011-343-0808
URL deptofcoffee.lk
 Department Of Coffee
 @deptofcoffee.lk
🕐 7:00〜23:00
⊛不定休
MAP 📍P163 B-3

🏠 12 Sulaiman Terrace, Jawatta Rd, Colombo 5
☎ 076-131-3278   Life's Good Kitchen
@lifesgoodkitchen
11:00(土日曜9:00)〜22:00
不定休　MAP 📍 P160 C-2

Life's Good Kitchen
ライフズ・グッド・キッチン

大切なひとときをやさしいごはんと

あたたかい接客と手間ひまかけて作られた料理で、いつもたくさんのお客でにぎわっています。オーナー夫妻はモルディブのレストランで働いた経験があり、その時に交流があった各国のシェフから得たアイデアが、今の魅力的なメニュー作りに役立っているそう。食べた人の心と身体が「幸せ」になるよう、小規模農家と契約してナチュラルな素材の仕入れにこだわっています。「店の名前でなく、味やここで過ごした時間がお客さまの心に残ることが一番うれしい」と話す夫妻です。

❶こもれ日が心地よいオープンスペース ❷いつもハッピーな時間をくれるヒランさん(右)とシャミカさん(左) ❸かわいらしい玉ねぎの看板がお出迎え ❹熟成させたカボチャを使ったパンプキンスープRs1700と中東を感じるブラウンメッツェRs2800 ❺このエナジーボールが人気を博してカフェ開店のきっかけになった

Virticle by Jetwing
バーティクル・バイ・ジェットウィング

きらめく夜景とモダンなカクテル

　カクテルのアーティストとも呼ばれるミクソロジストを抱える、これまでコロンボになかったモダンなバー＆レストランです。スリランカのスピリッツや食材の風味を最大限に生かしたカクテルは見た目も味わいも洗練されていて、新しい可能性を感じます。そしてモクテルさえもひねりを加えたものばかり。フードメニューもバラエティ豊かでスリランカのテイストがそこかしこに散りばめられています。移り変わりゆくコロンボの街をぜひ珠玉のカクテルとともに。

Access Towers, 278 Union Pl, Colombo 2　070-735-5355
virticlebyjetwing.com　Virticle by Jetwing　@virticle.by.jetwing
17:00〜23:00　不定休　MAP P162 A-2

❶眼下に見下ろすコロンボの街に明かりが灯りはじめる ❷バーテンダーのパフォーマンスもとてもスマート ❸スリランカの蒸留酒アラックがベースのカタ・ガスマ Rs2300 とスリランカのスパイスやフルーツでアクセントをつけたハイライズ Rs2400 ❹ミクソロジストのシェーンさん ❺スリランカの食材で風味づけしたスピリッツとビターズ ❻柵はすべてガラス。まるで景色のなかに浮いているよう

❶ 海風が気持ちよい実乃里のテラス席
❷ 帆立のピンチョス Rs2200 とカタクチイワシの唐揚げ Rs1500

📍 282/5 Kollupitiya Rd, Marine Drive, Colombo 3（Granbell Hotel Colombo 内）
☎ 011- 239-7397
URL granbellhotel.lk/dining/
Ⓕ Granbell Hotel Colombo
Ⓘ @Granbell_hotel_colombo
🕘 ザ・バー・オン・ザ・トップ 9:00～0:00 実乃里 ランチ 12:00～15:00、サンダウナー 16:00～18:00、ディナー 18:00～22:00
🚫 不定休　MAP 📍P162 B-1

🍸 The Bar on the Top
ザ・バー・オン・ザ・トップ

大パノラマに圧倒される

　プールがあるルーフトップバーはコロンボ市内にままありますが、サンセットがインフィニティプールと大パノラマでとけ合うように見えるのは、グランベル・ホテルの最上階に位置するここだけです。サンセットの前後でまったく表情を変えるインド洋は、きっと忘れられない景色になるはず。そしてプールはありませんが穴場なのが、同ホテル25階にある実乃里（ミノリ）のテラスで過ごすサンダウナー（夕暮れ）タイム。ゆったりとしたソファでくつろぎながら、お酒とともに味わう日本人シェフ考案のタパスやおつまみが最高です。

❸ ゴールで仕入れたアンティークの棚にディスプレイされたボトル　❹ マンゴーアラックを使ったピンクパール Rs1600（左）はオリジナル　❺ プールのなかにイスがあり、カクテルを飲みながら夕日をながめることも叶う

❶東南アジア料理は野菜が豊富なのがうれしい ❷辛みが強く香り高いコチ唐辛子を使ったカクテルコチジン Rs2000（左） ❸〆のご飯ものも充実。クリスピーポークライス Rs2950 ❹天井が高く開放感ある店内席 ❺テラス席も人気の場所

Monsoon Colombo
モンスーン・コロンボ

みんなでにぎやかに過ごしたい夜に

　パークストリートという小さな通りに洗練されたレストランが並びます。夜になるとストリートには色とりどりのライトが灯り、華やかな雰囲気に様変わり。倉庫を改築したような店内のインテリアが非日常感をかき立てます。東南アジア各国の人気料理が一か所でいただけるのはコロンボではここだけ。日本人にも親しみがあるメニューが多く、生演奏に加えオープンカウンターでつくられるカクテルも個性豊か。楽しいコロンボの夜をさらにワクワクさせてくれる店です。

🏠 50 Park St, Colombo 2
☎ 011-230-2449
URL monsooncolombo.com
ⓕ Monsoon Colombo
ⓘ @monsooncolombo
🕛 12:00〜23:00　休 不定休
MAP 📍P162 A-2

🛏 2 Galle Rd, Colombo 3
☎ 011-754-1010
URL gallefacehotel.com/
Ⓕ Galle Face Hotel
Ⓘ @gallefacehotel
🛌 全156室　一室US$100〜、朝食別
MAP 📍P162 A-1

🏨 Galle Face Hotel
ゴール・フェイス・ホテル

昭和天皇も訪れた由緒正しきホテル

　各国著名人やエリザベス女王も滞在されたことのある、スリランカを代表する歴史あるホテル。創業1864年当時のコロニアルな雰囲気を残した館内は、まるで植民地時代にタイムスリップしたような気持ちにさせてくれます。火曜と木曜に開催される館内ガイドツアーではホテルの歴史を知ることができます。インド洋に面したテラスダイニング「ザ・ベランダ」で心地よい海風を感じながらアフタヌーンティーを楽しむのもおすすめです。そのあとはインド洋にゆったりと沈む大きな夕日を心ゆくまで堪能してください。

❶白亜の壁が青空に映える ❷国旗は毎日日没時にバグパイプの演奏とともにおろされる ❸訪れた著名人のポートレートが飾られたバー ❹「ザ・ベランダ」前の廊下は昔からずっと変わらない風景 ❺スイートルームのクラシックなベッドルーム

📍 65 Rosmead Pl, Colombo 7
☎ 011-460-2060
🔗 paradiseroadhotels.com/tintagel/
📘 Paradise Road Tintagel Colombo
📷 @paradiseroadtintagelcolombo
🛏 全10室 一室US$180〜、朝食つき
MAP 📍P163 A-3

🛏 Paradise Road Tintagel
パラダイス・ロード・ティンタゲル

大人のためのぜいたくな空間

　かつてのスリランカ首相邸宅を改装したラグジュアリーなブティックホテル。10の客室はすべてが異なったデザインのスイートルームで、街の喧騒を感じさせない空間は旅を忘れられないものにしてくれます。人気雑貨店パラダイス・ロード・ギャラリーを経営するシャンス氏プロデュースと聞けば納得の世界観。

❶街中にありながら静かな時間が流れる ❷ファッション誌の撮影もよく行われる ❸パラダイス・ロードと同じでキーカラーは白と黒

🛏 Cinnamon Red Colombo
シナモン・レッド・コロンボ

ゲストの「満足度」にこだわって

「コロンボでは寝るだけでも居心地いいホテルに泊まりたい」というニーズにぴったりのシティホテル。ファシリティはそろっていながら手頃な価格で、中心部に快適ステイが可能。

📍 59 Ananda Coomaraswamy Mawatha, Colombo 3
☎ 011-214-5145
🔗 cinnamonhotels.com/cinnamon-red-colombo
📘 Cinnamon Red Colombo
📷 @cinnamonredcmb
🛏 全243室 一室US$70〜、朝食別　MAP 📍P162 A-2

❹大きな窓からはコロンボの街並みが一望できる ❺暑い日には、眼下に街と海が広がるプールでひと泳ぎ ❻スーツケース型のレセプションデスクは旅のサポートをしたい気持ちのあらわれ

咲きこぼれるブーゲンビリアの木陰でひと休み

スリランカごはん

奥深い スリランカ・カレー の世界

一品一品が違ったおかず。ルー（スリランカの人はグレービーと呼ぶ）にはスパイスと素材のうまみが溶けこんでいる

スリランカの大地の恵みを カレーでいただく

最近日本でも人気急上昇中のスリランカ・カレー。辛さだけでなく、甘味、酸味、苦味が一皿の上に混在しています。スリランカの大地でたくさんの太陽と雨を浴びた食材たちは力強く、刺激的なスパイスとあいまって虜になること間違いなし。

スリランカ・カレーはだいたい一種類のメイン食材でつくります。それを何種類かひとつのお皿にごはんとともに盛りつけ、少しずつ混ぜながら食べます。例えばチキン・カレー、かぼちゃカレー、いんげんカレー、ゴーヤのサラダ、ゴトゥコラ（薬草）のあえ物を一皿に、といった具合です。その組み合わせ、楽しみかたは無限大！

チキン・カレー
Chicken Curry

→メインディッシュのなかで不動の一番人気チキン・カレー、スリランカでは胸肉など脂肪の少ない部分でつくるのが好まれます。グレービーは少なくスパイシーに仕上げるのがローカル流。

サバ・カレー
Mackerel(Malu) Curry
（Malu = 魚の総称）

↑島国スリランカではさまざまな種類の魚が手に入ります。カレーになる定番はサバ、アジ、イワシ、白身ではマカジキ。マグロも定番食材です。ほとんどの魚カレーはかなりスパイシーな味つけです。

ジャックフルーツ・カレー
Jackfruit Curry

←栄養価は高いのにカロリーは少ないという、身体にうれしいこのフルーツ。完熟した実はくだものとしてそのまま食べますが、青い実はカレーになります。ジャックフルーツのカレーが好きだとスリランカ人に言うと「通」だと思われること間違いなし。

ビートルート（赤カブ）・カレー
Beetroot Curry

抗酸化作用、むくみの改善などいいことずくめ

↓「食べる輸血」と言われることもあるくらい鉄分豊富なビートルート。加熱すると柔らかく甘味がある食材です。カツオを干したモルディブフィッシュというかつお節に似たものを砕いて混ぜ、食感とうまみをプラス。ココナツミルクと好相性です。

Breadfruit

身体をあたためる作用がとても強いので毎日食べることは控えて

ブレッドフルーツ・カレー
Breadfruit Curry

↑和名は「パンの実」というくだもの。でんぷん質が多く、さつまいもと里芋の中間のようなねっとりとした食感はみんな大好き。ココナツミルクと合わせてほっくりとした甘さのやさしいカレーです。

Beetroot

ドラムスティック・カレー
Drumstick (Murunga) Curry

生の状態のドラムスティック、長さは50cmほどもある

Drumstick

→スーパーフードとして注目されているモリンガの未成熟種子のサヤで、ドラムのスティックに似ていることからこの名前がついています。免疫力を上げてくれる食材として重宝されています。皮は硬く食べられないので、中身だけをこそぐようにして食べます。

カレーを彩る名脇役たち

ゴトゥコラは朝のジューススタンドでは青汁的存在

Gotukola

ココナツ・サンボル
Coconut Sambol

↓「これがあればいくらでもごはんが食べられる！」という人も多いスリランカ人のソウルフード。ココナツの削ったものにライムやチリ、塩を混ぜた「ふりかけ」的な存在です。つくりおきではないでできたてのココナツ・サンボルは食感、香りともに抜群のおいしさです。

ゴトゥコラ・サンボル
Gotukola Sambol

←ゴトゥコラはセリ科の食材で鉄分豊富。長寿のハーブとしてアンチエイジング効果があると言われています。生の刻んだゴトゥコラと削ったココナツやライムなどをあえていただきます。少し苦味のある風味と清涼感がちょうどいい箸休めに。

バナナの花のつぼみのサラダ
Keselmuwa Salad

→スリランカでは青い熟していないバナナもカレーになりますが、なんとバナナのつぼみも料理に使います。硬い外側の皮をむいていくと、なかは柔らかく薄いタケノコのような感じ。アクを抜いて素揚げし、食感を楽しみます。

ずっしりと重いバナナのつぼみ。スーパーでもいつも売られている

Keselmuwa

ダイエットは明日から！魅惑の粉モノ
今日は何カレーと組み合わせる？

スリランカはお米大国ということもあって
小麦粉の粉モノだけでなく
米粉を使った粉モノもバラエティ豊かなんです。
好きなカレーに組み合わせてみてはいかが？
ちょっとしたおやつにもなる粉モノ、
層が厚いスリランカです。

プレーン・ホッパー
Plain Hopper

↓外側はパリパリ、真ん中はふんわり、口に入れるとココナツミルクのやさしい風味が。夕暮れになるとあちこちの食堂で焼きはじめます。真ん中に卵が入ったものはエッグホッパー。ホッパーが嫌いという人を聞いたことがありません。

ストリング・ホッパー（白米）
String Hopper

←米粉と水を混ぜ、専用のプレス機で麺のように小さな丸いザルにくるくる落とし、そのまま蒸しあげます。麺状になっているのでカレーのルーととてもからみやすく、ちょっとずつちぎりながら食べます。朝ごはんの定番。

ストリング・ホッパー（雑穀）
Red String Hopper

←赤米を含む雑穀で作ったホッパー。赤米は日本でいう玄米のようなもの。血糖値が上がりづらく、健康への意識が高い人は選んでいます。白米のものより少しざらっとしていますが、カルシウムやカリウム、ミネラル分も多く含まれています。

キリ・バトゥ Kiri Bath

←おめでたい席でもよく食べられるココナツミルクでごはんを炊いたミルクライス。やさしい味わいで赤ちゃんの離乳食にもよく使われます。唐辛子、玉ねぎ、ライムと塩を和えたルヌミリスというペースト状のあえものと一緒に食べるのが定番です。

イドゥリー Idly

↓米粉と豆からできた丸い蒸しパンです。発酵させているので少し独特の酸味があります。南インドがルーツでベジタリアンレストランやタミル系の食堂でよく見かけます。消化を助ける働きがあるそうです。

ココナツ・ロティ
Coconut Roti

←削ったココナツと小麦粉、塩を練ってつくります。ココナツのオイルが生地にしみでて、ほんのりとした甘味を少しの塩が引き立てています。店によってはカラピンチャ（カレーリーフ）や青唐辛子を練りこみます。

パラータ
Paratha

←バターを煮詰めてさらに濃くなったギーオイルと小麦粉を練ってつくられるパラータ。ロティより油分が多く、やわらかい食感です。ココナツミルクのカレーと好相性です。

エッグ・パラータ
Egg Paratha

→パラータの生地に卵を落として四角く包み焼いたもの。私はそのまま食べるのが好きですが、細長く切ってチキン・カレーなどのルーをかけ、手軽な朝食としてテイクアウトするのがローカル流です。

ドーサ Dosai

↑ドーサには二種類あって薄いクレープのようにパリパリなのがペーパードーサ。もう一種類がお好み焼きのように柔らかく焼いたもの(写真はこちら)。どちらもダールカレーや、スパイスや塩で味つけしたココナツチャツネとともにいただきます。

スナックいろいろ

アラ・ボンダ
Ala Bonda

→ポテトカレーを大きく丸めて衣をつけて揚げた、スパイシーなポテトコロッケです。ベジタリアンの食堂でよく売られています。一個食べたらもう何も食べられないほどボリューム満点です。

←レンズ豆をすりつぶして、チリやカラピンチャ(カレーリーフ)、細かく刻んだ野菜とあえて揚げた塩味の豆ドーナツ。ホクホクした食感で、揚げたてはまた格別のおいしさです。

硬式野球のボールくらい大きい!

ウルンドゥ・ワデ
Urundu Wade

イッソ・ワデ
Isso Wade

←コロンボのゴール・フェイス・グリーンにはこれを出す屋台がたくさん出ています。レンズ豆のドーナツにエビが入ったもの。磯の香りとエビの食感がプラスされてあとを引きます。ビールのおともにも最適です。

気軽にトライ！
現地のごはん

いろいろなスリランカごはんを試せる人気のフードコート

短い滞在でもできるだけ多くの種類のスリランカごはんを食べてみたいなら、こんなフードコートもおすすめ。

Hela Bojun Hala
ヘラ・ボジュン・ハラ

　地元野菜の消費促進と女性への経済支援ではじまったこのフードコート。理念が素晴らしいだけでなく、できたての料理は魅力的でしかも安いのです。カウンター越しに地元の女性が料理していて、メニューのスリランカ文字が読めなくても大丈夫。どんなものもひとつから買えるので、少しずつたくさんの種類にトライできちゃいます。国内に数店舗ありますが、人気店ゆえ同じ名前の別の店も。グリーンのエプロンの女性がオープンキッチンで調理しているのが目印です。

❶常連さんも多く井戸端会議に花が咲く ❷混んでいてもお客の回転は早いので少し待ってみて ❸「調理風景はおもしろいでしょ？」と笑顔の女性スタッフ ❹米粉のクレープ（カレーつき）やおイモのコロッケ、ワデなど1つRs50ほど〜

⊕ Sri Wickrama Rajasinghe Mawatha, Kandy
キャンディ店のほか、ペラデニヤ、クルネーガラ、コロンボ近郊ではバッタラムラなど
☎ 076-763-3731　⊕ 7:00〜19:00　㊡ ポヤデー
MAP ♦ P164 B-1

※写真はすべてキャンディ店

おもちかえりできるスリランカカレー

旅行中に食べた味わい深いスリランカカレー。
スパイスなどを買って帰れば、自宅でつくって楽しめます。
土鍋でつくれば、さらに本格的に。

Curry Powder

カレーパウダー
→スリランカカレーの基礎となるミックスカレーパウダー。食材によってローストしたものと、していないものとを使い分けます。
右：Raw（ローストしていない）Rs280、左：Roast（ロースト）Rs290（ⒶⒷ）

Jaffna Curry Spice

ジャフナ・カレー・スパイス
←北部のジャフナ料理に使われるミックススパイス。辛さは強め、マトンやワタリガニのカレーに。Rs590（Ⓒ）

イエローライスのもと
→スリランカカレープレートを一段格上げしてくれるイエローライスを簡単に。ポークカレーと好相性。Rs280（ⒶⒷ）

Yellow Rice Paste

Polsambol

インスタント・ポルサンボル
→玉ねぎやライムなどを足すだけでつくれるココナツ・サンボルのもとです。Rs120（ⒶⒷ）

Claypot

土鍋
←カレーづくりに欠かせない鍋で道端にも露天があります。ニゴンボ近くのダンコツワが有名な産地。Rs200ほど〜（Ⓑ）

紹介した商品はここで買えます！

Ⓐ Keells Super Market
ローリーズ店
5 Lauries Pl, Colombo 4
MAP 📍 P162 C-2

ワン・ゴール・フェイス店
1A Centre Rd, Colombo 2,
One Galle Face Mall, B1F
MAP 📍 P160 A-1

Ⓑ Arpico Super Centre
ハイドパークコーナー店
69 hyde Park Corner, Colombo 2
MAP 📍 P162 A-2

Ⓒ Good Merket常設店
14 Independence Ave, Colombo 7
MAP 📍 P163 B-3

Ranbath Organic
↑オーガニック・ヴィーガンの人気店で、ライスは食感が強い伝統米。辛さはかなりローカル流。Rs850(ベジ)

Cafe On The 5th
↑辛さ塩分ともに強めのローカル好み。ごはんはふんわり炊かれています。Rs1030(ライス&カリー[チキン])*金曜限定発売

ランチ・パケット食べくらべ!
庶民の味方、気軽に買えるお弁当

Praneetha
↓辛さに慣れたスリランカ人もヒーヒー言いながら食べる辛さ自慢の店。選べる種類が豊富です。Rs900(ライス&カリー[ビーフ])

お昼時になると街のあちこちで、箱に入ったものやくるっと紙で包まれただけのお弁当が売られはじめます。それはランチ・パケットというスリランカのお弁当。300ルピー前後からあって気軽にスリランカのローカル気分が味わえます。

New Banana Leaf
←ビリヤニの有名店。チキン・カレーではなくビリヤニ用の甘辛いチキンがのっています。Rs900(ライス&カリー[チキン])

JEEWAS
↓私がいちばん好きなランチ・パケットです。お昼を過ぎると売り切れる場合もあるのでお早めに!
Rs1100(チキン)

- **Cafe On The 5th**
  108 5th lane, Colombo 3
  MAP P162 B-2

- **Ranbath Organic**
  32 Sambuddhatva Mawatha,
  Colombo 5   MAP P162 C-2

- **New Banana Leaf**
  720 Galle Rd, Colombo 3
  MAP P162 C-2

- **Praneetha**
  201 Muhandiram's Rd, Colombo 3
  MAP P162 A-2

- **JEEWAS**
  Saturday Good Market
  MAP P163 B-3

VOC at DBU
←歴史が長く一番伝統に忠実だと言われているのがこの店。見た目はとてもシンプルですが味の奥行きはさすが老舗という腕前。辛さは強めですが、甘辛の炒めものが日本人好みの味。Rs1820（ミックス・ミート）

Green Cabin
↑グリーン・キャビンといえば、の代表メニュー。多くのツーリスト（私もそのひとり！）がここでランプライスを知りファンになりました。売り切れもよく起こります。コロンボ市内に数店舗ある支店で購入可能。Rs1380（チキン）

P&S
↓気軽に立ち寄れるファミレス的なチェーン店のランプライス。誰でも食べやすい味になっています。たっぷりなので2人でシェアも。Rs.850（チキン）

ランプライス食べくらべ！
マレー半島から伝わった伝統の味

ルーツはマレー半島といわれています。そこにスリランカの食文化が融合したごちそうごはん。ごはんとおかずをバナナの葉で包み加熱すると、全体ががしっとりとなじんでバナナリーフの香りをまといます。定期的に食べたくなる私の大好物♪

こんな感じにバナナリーフに包んで蒸され、そのまま供されるランプライス。ごはん、肉のおかず（鶏・豚・牛など）、ナスや玉ねぎの甘辛炒め、ゆで卵やコロッケなどをバナナの葉に包んで加熱、そしてその姿のまま食べる人のもとへ。

Mrs.W Lamprais
→ホームメイド感が伝わるやさしい味わい。店舗はなく住宅の1階で販売しています。前日予約がベターですが、売り切れの場合は冷凍したものを売ってくれることも。Rs1300（チキン）

Rasa Bojun
←大ぶりカシューナッツと甘辛く炒めたココナツフレークのつけ合わせがあとをひく味。ディナータイムもオーダーできます。Rs1500（ポーク）

- **VOC at DBU**
  114 Reid Ave, Colombo 5
  MAP P162 C-2

- **Green Cabin**
  N.105 Chatham St, Colombo 1
  （Pagoda Tea Room内）
  ※市内に複数店舗あり
  MAP P160 C-1

- **Mrs.W Lamprais**
  27/5 Pedris Rd, Colombo 3
  MAP P162 B-2

- **Rasa Bojun**
  62 Havelock Rd, Colombo 5
  MAP P162 C-2

- **P&S**
  24 Deal Pl, Colombo 3
  MAP P162 B-2

スリランカのスイーツ
マダム、甘いデザートはいかがですか？

洗練されたお菓子や甘さ控えめなお菓子はなかなかないけれど、昔ながらのお菓子は素朴でナチュラル。カレーだけでなくスイーツにもスパイスはふんだんに使われています。ぜひティータイムにトライしてみませんか？

ワタラッパン
Watalappan

↓ジャガリー（ヤシ糖）とカルダモンなどのスパイス、カシューナッツとスリランカの名産品がギュッと詰まったスリランカプリン。黒糖のような懐かしい甘味にほっとします。

ワンドゥ・アッパ
Wandu Appa

←甘さ控えめな米粉の蒸しパンです。茶色い色はジャガリー（ヤシ糖）が使われているから。カンダという葉っぱがカップの型がわり。

カル・ドドル
Kalu Dodol

←カシューナッツ、ジャガリー、米粉、ココナツミルクからできていて「ういろう」のような食感。スリランカ南部ハンバントタの名産です。

「これはスリランカに来なくちゃ食べられない！」

パンケーキ Pancake

←↑どうしてこれをパンケーキというのかわかりませんがこれがスリランカのパンケーキ。もちっとした生地とココナツの餡のバランスに、私ずっとハマっています♪

コンダ・ケウン
Konda Kevum

↑お供えものにもなるハレの日のお菓子です。お正月にご近所さんに感謝の気持ちを込めて配ったりします。

タラ・グリ
Thala Guli

→すりゴマをジャガリー（ヤシ糖）と削りココナツで練り固めたミネラル豊富なお菓子。キャンディ〜コロンボをむすぶ道の途中の街ワラカポラにお客が絶えない超人気店があります。

ハラパ
Halapa

↑クラッカンという雑穀の粉と甘く味つけした削りココナツを練って、カンダという葉っぱで包んで蒸したもの。日本人も好きになる人が多いお菓子です。

パニ・ワラウ
Pani Walalu

↓意味は「ハニーのバングル」。その名の通り、甘ーいお菓子です。糖分多めで揚げてあるのは日持ちさせるためでもあります。

キトゥルハニー＆ハクル（ジャガリー）
Kithul Honey&Hakuru (Jaggery)

↑お菓子作りに欠かせないキトゥルハニー（ヤシ蜜：写真上）とハクル（ヤシ糖：写真下）は、キャンディから南に下った地域の特産品。道沿いに屋台が多く出ています。良質なものはなんともいえない芳香な香りと酸味のある甘さが上品です。

カード Curd

←↑水牛の乳のヨーグルト。特にシギリヤの北東、カンタレーが産地として有名です。私たち日本人が慣れているヨーグルトとは発酵菌が違うので、風味も硬さも違います。キトゥルハニーを加えるとおいしさがさらにUP。

Fruits スリランカのフルーツ

南国の太陽のカラフルな恵み

　スリランカに来たのなら、ぜひさまざまなフルーツに挑戦してください。スリランカのフルーツは種類も多いうえ、栄養価も高いのです。スーパーマーケットや市場をのぞくだけで発見がいっぱいです。なかには見た目がちょっとおそろしく、どうやって食べるのかわからないフルーツもありますが（笑）

　街中にはフレッシュジューススタンドがたくさんあるので気軽にトライできるでしょう。カフェやレストランでもフレッシュジュースを置いていないところはないと思います。ただ砂糖なし、もしくは少なめでお願いすることをおすすめします。

　キングココナツは天然のスポーツドリンク。道端の屋台で注文すれば、その場でナタで切ってストローをさしてくれます。飲んだ後の実の底には天然のココナツゼリーが。店の人にまたナタで割ってもらい、余すことなく楽しむのがローカル流。

　そしてスリランカといえばバナナの豊富さに驚きます。20種類以上も存在するそうで、フルーツとして食べることはもちろん、熟す前の青いバナナはカレーにもなります。食感はホクホクした里いものような感じ。そしてバナナの葉は殺菌作用もあるそうでお皿代わりになったりします。フルーツの食べかたひとつとっても、時代を超えて伝わった知恵が詰まっています。

道端のココナツジュースはRs150〜200ほど

マンゴー Mango
←いろいろな種類のマンゴーがあります。そしてどれも日本に比べて破格のお値段。そのままもおいしいですし、青マンゴーのカレーもおすすめです。種類によって旬が違います。

アボカド Avocado
→スリランカのアボカドは一年中楽しめ、ジュースにするとクリーミーなのど越しにハマります。日焼けした肌にも強い味方。

エッグ・フルーツ（ラウル） Egg Fruits

←甘ずっぱさと卵の黄身のような食感が不思議。今は珍しくなってしまったくだものなので、出会えたらぜひ！

バナナ Kesel
→私のおすすめは酸味と甘味のバランスがよいコリコットゥ（Kolikottu）とアンブン（Ambun）。写真の赤いバナナは神さまにお供えするハレの日的なバナナです。

ランブータン Rambutan
←マレー語でランブーは髪の毛の意味。見た目はちょっとグロテスクですが、ライチに似たその実はジューシー！旬は5月から7月。

→果物の女王さま、西海岸のカルタラの名産です。豊富なビタミン、酵素で免疫力をあげる働きがあります。旬は7月から10月。
Photo:Norgal/Dreamstime.com

マンゴスチン Mangosteen

ジャック・フルーツ Jack Fruit
←成長段階によってシンハラ語での名前がポロスからワラカへと変わります。ポロスの時にはカレーに、熟したらくだものとして楽しみます。大きいものは30キロの重さにもなります。

サワー・サップ Sour Sop
←私の好きなフレッシュジュースのひとつです。免疫力を高めて神経系、骨や歯まで強化してくれるとか。一年中あります。

ミニボトルも売られているのでちょっと試したり、お土産にしたりにも便利

アラック Arrack

品ぞろえ豊富なコロンボの酒屋さんおすすめのアラック、ベスト3。左から大手Rocklandの代表作VAT9、熟成香がまろやかなRocklandのVX、日本にファンの多いIDL社のOld Reserve

上／アラックがベースのカクテル「バナナラマ」はスモーク＆ビターズ（P.107）で　下／紅茶とアラックの「ティーインフューズ」カクテルはセイロン・ティートレイルズ（P.62）のもの

スリランカで乾杯！

ここでしか飲めないお酒は？

　街中を歩いていて緑の看板と格子の店があったらそこは酒屋です。禁酒の日ポヤデーの前夜には、酒屋前はアンクル（おじさん）たちが押しかけて大にぎわい。スリランカの人たちもお酒は大好きなのです。なかなか高い輸入ものには手が出ませんが、ローカルビールのライオンビール、ヤシからつくられるアラックは日常的に楽しまれています。
　ライオンビールは南国ビールらしいスッキリした味わいで、暑い日差しの下はもちろん、夜風にふかれながら飲むのに最高です。350ml缶がRs300ほど。カレー味のナッツがちょうどよいおつまみになります。
　もうひとつスリランカを代表するお酒がヤシの花の蜜を発酵させ、それを蒸留させたアラックです。酒屋に行くと無色透明なものと、琥珀色のものがありますが、琥珀色をしたものはウィスキー同様、樽で熟成されたものです。熟成が進んだものはウィスキーのように芳醇な香りがします。

　そして最近の流行はスリランカの個性をより意識したカクテルです。あちこちの店で、スリランカの食材、スパイスを用いたカクテルが続々と登場しています。
　ほかには、発酵が進んでしまうので流通にのせることが難しいヤシの花の蜜を発酵させたお酒「ラー」があります。運よく入荷していればコロンボのシナモングランドホテルのスリランカレストランなどで瓶入りラーが飲めるかもしれません。私の友人はキャンディの地下の秘密酒場みたいな場所で飲んだと言っていました……（笑）
　その土地で生まれたお酒をその気候のなかで飲む、というのが、きっといちばんおいしい飲み方だと思います。

ライオンビール
LION Beer

軽い口当たりで女性にも人気

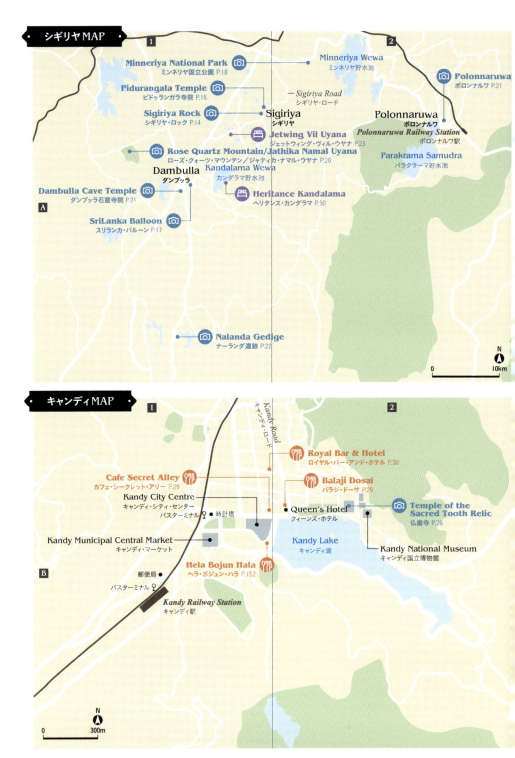

スリランカ旅のヒント

日本からスリランカへ

成田からの直行便があるスリランカ航空

スリランカ航空はスリランカのフラッグキャリア、唯一日本からの直行便があります（日本航空もコードシェアとして便名を持っている）。成田から9時間ほどの空の旅です。現在は成田発が火・木・土・日曜、コロンボ発が月・水・金・土曜の週4便です。

そのほかの航空会社を利用してバンコクや香港、シンガポールなどで乗り換えすれば、羽田、関西、中部などからもアクセス可能です。料金がおさえられることもあります。

スリランカ入国条件

パスポートの残存期間は6か月以上必要。また短期の観光目的であっても、スリランカ入国にはツーリストビザ（ETA）が必要です。空港到着時、入国審査前にオンアライバルビザ申請窓口があります。その場で申請用紙に必要事項を書きこみ、手数料を支払うとETAが取得できます。事前にオンラインで申し込むことも可能です。オンライン申請直後、自動でビザが発行されるようですが余裕を持って申請することをおすすめします。

ETAは最大滞在日数が30日。もしアーユルヴェーダの長期治療や英語留学など滞在日数を増やしたい場合は、コロンボ郊外にあるイミグレーションで延長の申請をすれば90日まで滞在を延長できます（再延長申請をすればさらに90日延長可能で、最大180日滞在できる）。申請の際、帰りの航空チケットの提示を求められることがあります。手数料・滞在日数については規則が頻繁に変更されるため、随時サイトで確認してください。

◎ツーリストビザのオンライン事前申請ができる
スリランカ出入国管理局サイト（日本語ページ有）
http://www.eta.gov.lk/slvisa/

コロンボ国際空港から町へ

バンダラナイケ（コロンボ）国際空港（BIA）から市内へは列車はなく、バスの発着所は空港から少し離れているため使いにくいのが現状です。基本的にタクシー移動となります。到着ロビーにタクシーカウンターがいくつか並んでいます。だいたいどこのタクシー会社も値段設定は一緒です。目安としてはニゴンボまでRs2000前後、コロンボ市内はRs4000前後です。ホテル名を伝えて事前に料金を提示してもらいましょう。

以下のサイトで空港の設備やサービスについて事前に確認ができます。

◎コロンボ・バンダラナイケ国際空港サイト
https://www.airport.lk/

スマートフォンのライドシェアアプリUber（ウーバー）もおすすめです。ピックアップ場所、目的地はあらかじめ画面に入力し、支払いは現金またはカードで行います。車種が選べ、空港からコロンボ市内のホテルまでRs3500～4000ほど。Pickme（ピックミー）というローカルのアプリもあり、こちらもウーバー同様に便利ですが、現地の番号が必要となるためSIM購入が必須です。

スリランカ国内の移動

市街地

空港からの移動手段であげたライドシェア、もしくはスリーウィーラー（トゥクトゥクとも呼ぶ）が市内移動手段のメインとなります。スリーウィーラーは流しをつかまえるほか、宿泊先のホテルで送迎車の手配も可能ですが料金は高めです。流しのスリーウィーラーに乗る際、土地勘のない旅行者に値段交渉は難しいので必ずメーターつきのものにしてください。メーターは初乗り1kmまで100ルピー、その後100mあ

3つ（スリー）の車輪（ウィール）の乗り物なのでスリーウィーラーと呼ばれる

たりRs4ずつ上がっていきます（2024年9月現在）。注意すべきは日本語を話したり「ガイドするよ」などと言ったりするドライバーたち。後で法外な金額を請求するケースがほとんどなので注意してください。

値段の安い市内バスもありますが、バス停を見つけるのが難しく、時間が読めないので、時間が貴重なツーリストにはおすすめできません。

都市間

● 長距離バス

安い運賃が魅力のスリランカのバス移動。長距離バスにはローカルバス（各停）とインターシティ（エアコンつき急行バス）があります。コロンボでは、コロンボ・フォート駅の近くにバスティアン・マワサ・バスターミナルがあり、ここから南部行きインターシティ以外のほとんどの長距離バス、空港行きが出ています。道路をはさんで二か所に分かれていて少々わかりづらいこともあるので、早めの行動が吉です。南部ゴールやマータラ、ハンバントタに向かうインターシティは高速道路のコッタワI.C.のそばにあるマクンブラ・ハイウェイ・バス・ステーション（Makumbura Highway Bus Station）から出ます。

地方都市では町の中心地にバスターミナルがあることがほとんどです。

● 列車

P.58-61を参照。

キャンディからポロンナルワ近くまで4時間ほどかけて走るローカルバス

● ツーリストカー

自分たち専用のドライバーつきレンタカーです。空港到着ロビーにあるカウンターで手配することも可能ですが、出発前に旅行会社などで手配をお願いしておけば、ストレスなく旅をスタートさせられます。1kmあたりいくらと計算して最後に支払うこともあれば、行く予定の場所を伝え必要な利用日数で料金を出してもらうこともあります。日本語ができるガイド兼ドライバーなら値段は上がりますが、さらにスリランカについて詳しく知ることができるでしょう。予約の際にはドライバー料金に何が含まれるか（燃料費、高速代、飲食代、宿泊代など）を必ず確認しましょう。旅の最後にはドライバーさんへのチップを。1日あたり1000～1500ルピーが相場です。

スリランカに特化した旅行会社

◎ **Yathra Travels**
ヤートラトラベルズ 日本オフィス

個々の希望に沿ったオーダーメイド旅をバラエティ豊かに提案。現地本社には日本語スタッフも常駐し、旅行中も日本支店と現地スタッフが連携し旅を万全にサポートしてくれます。

🏢 東京都江東区扇橋1-14-19 1F
株式会社アイデアツアーズ内
☎ 03-6666-0012　URL yathrajapan.com/

◎ **KS Travel Consultants**
ケーエス・トラベル・コンサルタンツ

一般的なツアーに加えて、アートツアー、紅茶工場視察ツアー、仏教ツアーなど、一歩踏み込んだツアーの提案も得意としています。

🏢 東京都港区浜松町2-2-15 浜松ダイビル2F
URL kstcjapan.com/　✉ info@kstcjapan.com

◎ **Jetwing Travels**
ジェットウィングトラベルズ 日本オフィス

スリランカ大手の旅行会社ならではの豊富なネットワークで旅をアレンジ。現地に日本語スタッフも常駐。系列以外のホテルアレンジももちろんお願いできます。

🏢 東京都中野区東中野5-29-24 2F
URL jetwing.jp/　✉ travel@jetwing.jp

気候

● 気温と服装

スリランカは熱帯雨林気候で高温多湿。平均気温は30度前後ですが、高い湿度や強い日差しは日本の気温の30度とは体感が異なります。年間を通して日差し、紫外線は強いので、外歩きの際は帽子と日焼け対策を忘れずに。室内の強すぎるクーラーや、朝や夜は肌寒くなる高原地帯での寒さ対策にカーディガンやちょっとしたストールがあると安心です。またトレッキングやシギリヤ・ロックを訪れる際にはスニーカーが安全です。

●乾季と雨季

　雨が少ない乾季が観光のベストシーズン。乾季は、コロンボを含む南西部は11〜4月、現在リゾート開発が進み注目が集まっているトリンコマリーを含む北東部は5〜10月となります。青い海、青い空が満喫できるでしょう。

　雨季には、夕方にスコールとよばれる土砂降りの雨が1時間ほど降ったり、夜に雷雨となったりすることも多いです。しかしその時期は観光のオフシーズンともいえるので、ホテル代やチケット代が安くなるというメリットがあります。紅茶畑がひろがる高原地帯であれば、深緑がしっとりと雨に濡れ、それはそれでとても趣のある風景が楽しめます。

お金

●通貨

　通貨はスリランカルピー（Rs）です。100ルピー≒47円（2024年9月現在）。紙幣は6種類、コインは4種類。小さなお店やトゥクトゥクなどでは大きな紙幣ではおつりの用意がないことがほとんどです。スーパーなど大型店を訪れた際に細かくくずしておくと安心。クレジットカードはツーリストが訪れるような場所ではほぼ問題なく使えます。

両替金額が合っているか、渡された場で必ずチェックすること

●チップ

　スリランカにはチップの習慣があります。ホテルで荷物を運んでもらった際はRs100〜300ほど、部屋の清掃が入った場合にはベッドサイドに1人あたりRs100〜200ほど置いておくのがいいでしょう。レストランでは、請求書にサービスチャージが入っている場合やセルフサービスの場合は必要ありません。それ以外やスパなど、何かサービスを受けた際にはトータル金額の10%前後を渡すと喜ばれると思います。

●両替

　日本国内ではルピーへの両替はできません。コロンボ空港到着ロビーに複数の両替店があり、日本円からルピーに両替することができます。また市内の銀行でもレートはあまり変わりません。アジア諸国で米ドルが使える国もありますが、スリランカでは米ドルが流通していないので持っていく必要はありません。ツーリストが泊まるようなホテルでも両替可能ですが、手数料が少し高めに設定されています。汚れていたり、裂けていたりする紙幣が混じっていた時は、キレイなものと交換してもらいましょう。使用する際に拒否されることがあります。

　残ったルピーは街中や空港の両替所で日本円に再両替することができますが、手数料がかかってしまうので、必要最低限のルピーを持ち、足りない場合はクレジットカードを利用する、など工夫してみましょう。

　空港到着ロビーにはATMがあります。クレジットカードで現地通貨をキャッシングし、カード会社に前倒しで返済すると両替手数料よりも安く済む場合があります。事前に前倒し返済について確認したり、カード会社に問い合わせたりしておくと安心です。

電圧＆プラグ

　電圧は240V、プラグタイプはBF、B3、Bタイプが混在しています。それらの、もしくはマルチタイプのプラグが必要です。プラグはホテルのフロントで借りられることも。新しいホテルではUSBで充電できるジャックがついていることもあります。

左がBタイプの5アンペア、右がB3タイプの15アンペア

通信環境

　スリランカでは空港やホテル、カフェでフリーWi-Fiに接続することができます。パスワードが必要なこともあるのでスタッフに気軽に質問してみましょう。またフリーSIMの携帯があれば、空港の到着ロビーでツーリスト用のSIMを購入できます。通信会社はDialogがつながりやすくおすすめです。

WhatsApp（ワッツアップ）というLINEのようなメッセージアプリも便利です。店の携帯電話番号（07ではじまる番号に+94をつける）がわかれば、予約のやり取りや問い合わせが気軽にできます（英語）。

日本へ郵便を送る際は、ハガキは切手代Rs35で発送できます。約1週間ほどで日本に届きます。

青が海外向け、赤が国内向け、緑がコロンボ市内向け発送のポスト

○ 水

生水は絶対に避けましょう。飲用にはミネラルウォーターを。500mlのミネラルウォーターはRs100ほどで購入できます。

熱中症対策のためにもこまめに水分をとろう

○ アルコール

スリランカはリカーライセンスを取得することが難しく、お酒を提供していないレストランも多くあります。その場合は持ち込むことも可能ですが、持ち込み料の確認を事前にしましょう。街中では大きなスーパーマーケットで購入が可能。街中の酒屋はすべて「Wine Shop（ワインショップ）」と緑色の看板を掲げています。ただしポヤデーは国中で酒類の販売、公の場での飲酒が違法となります。ホテルでも提供はありませんので注意してください。

○ トイレ事情

公共トイレや地方のトイレはトイレットペーパーがないことがほとんど。スリランカでは用を足した後、ペーパーを使わずトイレの脇にある小さなミニシャワーで洗います。そのため便器が水浸しになっていることも。ティッシュなど持ち歩くことをおすすめ

便器の脇についているミニシャワーがついている

します。外国人ツーリストが訪れるようなホテル、レストランは安心して使うことができるので、なるべくそういったところでトイレを済ませておきましょう。

○ 治安

おおむね安全といえます。ですが現金を見せびらかさない、人通りの少ない場所に行かない、夜間の一人歩きはしない、など最低限の注意は忘れないでください。また混雑したバスや電車ではスリや痴漢被害を耳にすることもあります。できるなら混雑した時間帯は避け、荷物から目を離さないようにしましょう。

○ 言葉

公用語はシンハラ語とタミル語になります。都市部ではほぼ英語が通じるといえます。

○ 医療

コロンボ市内の私立病院は設備が整っていますが、医療費は高額になるので事前の保険加入がおすすめです。

スリランカでは蚊を媒介してデング熱に感染することがあります。とにかく蚊には刺されないようにすることが大事。肌用と部屋用の蚊よけスプレーがあると安心です。

日本人ツーリストにおススメの病院

Lanka Hospital（ランカ・ホスピタル）
多くの在住外国人も受診する総合病院。救急サービスあり。
⊕ 578 Elvitigala Mawatha, Colombo 5
☎ 011-543-0000

Nine Wells Hospital（ナイン・ウェルズ・ホスピタル）
小児専門の総合病院。設備がキレイで入院設備もある。
⊕ 55/1 Kirimandala Mawatha, Colombo 5
☎ 011-204-9999

○ スリランカの祝祭日

スリランカは多数の宗教が存在しているので、それぞれの祝祭日があり休日がかなり多い国と言えます。月に一度の満月の日は「ポヤデー（Poya Day）」とされ、お寺へ参拝する日となっています。祝日やポヤデーは役所や銀行は閉まり、学校は休みとなります。ですが、ツーリスト向けの店やレストランは空いているところがほとんど。こちらも事前に確認しておくことをおすすめします。

2025年の祝祭日

日付	祝祭日
1月13日	Duruthu Full Moon Poya Day
1月14日	Tamil Thai Pongal Day（タミルの収穫祭）
2月 4日	独立記念日
2月12日	Navam Full Moon Poya Day
2月26日	Maha Sivarathri Day（ヒンドゥー教徒の祭日）
3月13日	Medin Full Moon Poya Day
3月31日	Id-Ul-Fitr（イスラム教徒のラマダン明け）
4月12日	Bak Full Moon Poya Day
4月13日	シンハラとタミルの大晦日
4月14日	シンハラとタミルの元日
4月15日	Special Bank Holiay
4月18日	Good Friday
5月 1日	メーデー
5月12日	Vesak Full Moon Poya Day
5月13日	Vesak Full Moon Poya Dayの翌日祭
6月 7日	Id Ul-Alha（イスラム教徒の犠牲祭）
6月10日	Poson Full Moon Poya Day
7月10日	Esala Full Moon Poya Day
8月 8日	Nikini Full Moon Poya Day
9月 5日	Milad Un-Nabi（イスラム教徒の預言者誕生祭）
9月 7日	Binara Full Moon Poya Day
10月 6日	Vap Full Moon Poya Day
10月20日	Deepavali Festival Day
11月 5日	Ill Full Moon Poya Day
12月 4日	Unduvap Full Moon Poya Day
12月25日	クリスマス

※祝祭日の多くは太陰暦を基準としているため、毎年日づけが変わります。

子連れでスリランカに行くヒント

せっかくなら家族で楽しみたい！ そんなときの旅のヒントをご紹介します。どうしても心配になるのが食事。西洋料理を提供しているレストランは多いのですが、スパイスが入ってしまうことも。注文時に「スパイスやコショウは入れないで（No Spicy, please）」とお願いしましょう。またレンジで温められるレトルトごはんやふりかけがあると便利です。子どもが大好きなスリランカ人、子どものためのリクエストならよろこんで聞いてくれますよ。またフルーツが豊富なスリランカ、おいしいバナナはどこでも手に入ります。

もし風邪薬や解熱剤が欲しい時には、スーパーや薬局で子ども用パナドールシロップが購入できます。世界的に飲まれている薬で、3か月の赤ちゃんから服用できます。

またよく聞かれる質問が「子連れでシギリヤ・ロックに行けますか？」というもの。私のまわりでは、さすがに0歳児を連れて行ったという人はいませんが、2歳前後からみなさん抱っこ紐または足元が見やすいようにおんぶ用キャリーで背負って登っているようです。でも暑さ対策は万全に。安全のために子どもにも足をおおうスニーカーなどがおすすめです。

人気のアクティビティ、国立公園のサファリですが、自然のなかをジープで走るため結構な振動を感じます。そのため3歳前後からが安心です。小さな子どもにはピンナワラの象の孤児院がおすすめです。

←どんな小さな商店でも2種類くらいのバナナを売っている ↘スーパーマーケットや町の薬局で手に入る。大人用には錠剤が売られている

サラサラの東海岸のビーチで子どもたちの遊びは終わらない

華やかなサリーを着て撮影体験

**民族衣装サリーの着つけや
伝統的なスリランカウェディングのセレモニーができる
私たち夫婦がひらいた写真スタジオです。**

スリランカを旅しているとサリー姿の美しい女性を何度も目にします。南国の照りつける太陽の下、カラフルな長い裾をなびかせながら歩くその姿はとても魅力的。サリーは長い一枚布をドレープやプリーツを駆使しながら女性の曲線美を引き立てるように巻きつけていきます。プロの着つけスタッフがみせるそのテクニックは圧巻です！

私たちのスタジオには30着ほどのサリーを用意しています。お好きなサリーに合わせて華やかなジュエリーも身につけ、旅の記念となるような一枚をていねいに撮影します。せっかくの衣装と撮影、スリランカ女性のようなパッキリしたアイメイクもご希望に寄り添いながら。ちなみにおなかがちらりとみえるサリーですが、おなかのお肉がのっているほうがスリランカでは「よし」とされています。

ひとり旅の女性やハネムーナーのお客さまも多く訪れます。記念のお写真を残したいカップルには私たちが出張してビーチやバワ建築のホテルでの撮影を、または厳かな雰囲気の仏教寺院での撮影をおすすめしています。仏教寺院で行う伝統の誓いの儀式はとてもロマンチック。私たちも大好きなセレモニーです。雰囲気も衣装もどっぷりとスリランカにひたって色あせない瞬間を残していただきたい、それが私たちの想いです。現地に住む私たちならではの魅力的なご提案ができたらうれしいです。

❶西海岸のビーチでフォトウェディング、ドレスレンタルも相談可能 ❷スタジオの扉はスリランカ北部の400年前のアンティーク ❸スタジオは女性建築家スネラさんのデザイン。きれいな光がさしこむ ❹友だち同士でのサリー選びは大盛りあがり ❺ウェディングサリー、ジュエリーには二人を祝福するメッセージがこめられている ❻男性用や子ども用衣装もあるのでカップルやご家族でも！

STUDIO FORT（スタジオ フォート）
⌂ 60/5A Madinnagoda Rd, Rajagiriya,
☎ 076-830-3700　URL studio-fort.com/
◉ @studiofortlk
🕘 9:00〜16:00（応相談）　休 不定休
日本語メニュー◎　サリー体験プラン 113US$〜
MAP 📍P161 B-4

おわりに

　数あるガイドブックのなかから本書を手にとっていただきありがとうございます。少しでもスリランカに興味を持っていただけたら、こんなにうれしいことはありません。

　私たち夫婦は17年前に新婚旅行で訪れて以来、スリランカに魅せられ何度も足を運ぶうちに、とうとう当時1歳の娘とともに移住してしまいました。

　「知られていないスリランカの魅力を発信したい」

　それが、私たち家族が日本からスリランカに来た理由です。

　この光り輝く島スリランカには本当にたくさんの表情があって、楽しみかたはツーリストの数だけあると思っています。しかもスリランカ自身さえもまだ気づいていない魅力が、まだまだたくさん埋まっています。ぜひスリランカの輝く太陽を浴びに来てください。そしてみなさんだけの宝物をこの国で見つけてください。

　この国に移住して以来、そして本書の初版の発行以降も、新たなスリランカの魅力を少しずつ大事にあたためてきました。また今回、みなさんにそれをお届けできることをとても幸せに感じています。最新版の執筆という貴重な機会をくださった編集の西村さんに、また今回も写真を活かすことを第一にデザインをしてくださったFROGの大井さんに心から感謝いたします。そして今回も一緒にスリランカを取材して回ってくれた家族にも。

　それではスリランカでみなさんのお越しをお待ちしています。

Special Thanks: Ayako Hiruma, Hiromi Ratnayake, Ikuko Tanaka, Kaori Takahashi and Yodomis……

旅のヒントBOOK

新たな旅のきっかけがきっと見つかるトラベルエッセーシリーズ　各A5判

◎お問い合わせ：イカロス出版 出版営業部　ikaros.jp/hintbook/

改訂版
トルコ・イスタンブールへ
エキゾチックが素敵
定価1,980円（税込）

最新版
太陽と海とグルメの島
シチリアへ
定価1,870円（税込）

ダイナミックな自然とレトロかわいい町
ハワイ島へ
定価1,980円（税込）

愛しのアンダルシアを旅して
南スペインへ
定価1,870円（税込）

最新版
ダナン＆ホイアンへ
癒しのビーチと古都散歩
定価1,980円（税込）

最新版
絶景とファンタジーの島
アイルランドへ
定価1,870円（税込）

ロシアに週末トリップ！
海辺の街
ウラジオストクへ
定価1,650円（税込）

最新版
かわいいに出会える旅
オランダへ
定価1,760円（税込）

最新版
スウェーデン・ストックホルムと小さな街散歩
定価1,980円（税込）

最新版
食と雑貨をめぐる旅
悠久の都ハノイへ
定価1,870円（税込）

芸術とカフェの街
オーストリア・ウィーンへ
定価1,760円（税込）

最新版
甘くて、苦くて、深い
素顔のローマへ
定価1,760円（税込）

最新版
ニュージーランドへ
大自然＆街をとことん遊びつくす
定価1,870円（税込）

最新版
デザインあふれる森の国
フィンランドへ
定価1,870円（税込）

太陽とエーゲ海に惹かれて
きらめきの国
ギリシャへ
定価1,870円（税込）

最新版
レトロな街で食べ歩き！
古都台南＆ちょっと高雄
定価1,760円（税込）

最新版
美食の街を訪ねて
スペイン＆フランス
バスク旅へ
定価1,980円（税込）

BEER HAWAI'I
～極上クラフトビールの旅
ハワイの島々へ
定価1,760円（税込）

遊んで、食べて、癒されて
タイ・プーケットへ
定価1,650円（税込）

最新版
心おどるバルセロナへ
定価1,760円（税込）

素敵でおいしい
メルボルン＆野生の島タスマニアへ 最新版
定価1,980円（税込）

最新版
南フランスの休日
プロヴァンスへ
定価1,980円（税込）

魅惑の絶景と美食旅
ナポリとアマルフィ海岸周辺へ
定価1,760円（税込）

アドリア海の素敵な街めぐり
クロアチアへ
定価1,760円（税込）

※定価はすべて税込価格です。（2024年11月現在）

石野明子 Akiko Ishino

日本大学芸術学部で写真を学び、朝日新聞社出版写真部の嘱託として3年間在籍。その後13年間フリーランスとして、さまざまな媒体で活動。2016年にスリランカに移住し、翌年写真スタジオSTUDIO FORTを立ちあげる。スタジオでの撮影のほか、朝日新聞デジタルにてスリランカの魅力を発信するコラムを執筆。著書に『スパイスカレーと野菜のおかず スリランカのまかないごはん』（イカロス出版）。

STUDIO FORT
studio-fort.com/

コラム
「スリランカ光の島へ」「スリランカ 光の島の原石たち」
asahi.com/and/creators/ishinoakiko/

文・写真	石野明子
デザイン	大井綾子（FROG）
マップ	ZOUKOUBOU
編集	西村薫

| 最新版 |

スリランカへ
―― 五感でたのしむ輝きの島

2024年12月20日 初版第1刷発行

著 者	石野明子
発行人	山手章弘
発行所	イカロス出版株式会社
	〒101-0051 東京都千代田区神田神保町1-105
	tabinohint@ikaros.jp（内容に関するお問合せ）
	sales@ikaros.co.jp（乱丁・落丁、書店、取次様からのお問合せ）
印刷・製本所	株式会社シナノ

乱丁・落丁はお取り替えいたします。
本書の無断転載・複写は、著作権法上の例外を除き、著作権侵害となります。
定価はカバーに表示してあります。
©2024 Akiko Ishino All rights reserved.
Printed in Japan　ISBN978-4-8022-1550-3

旅のヒントBOOK
SNSをチェック！

※海外への旅行・生活は自己責任で行うべきものであり、本書に掲載された情報を利用した結果、何らかのトラブルが生じたとしても、著者および出版社は一切の責任を負いません。